CW01654838

HET LIJKT
SIMPEL

EN
DAT IS HET OOK

Loesje

Van Loesje verscheen eerder

- Hoezo crisis
- Trek het je wel aan
- Wees het addertje onder het gras (2005)
- Wie zegt wat hoort
- Soms moet je sneller zijn dan de klos (2006)
- Amsterdam ligt voor u open
- Je weet pas of het leven hard is als je je tanden erin zet (2007)
- Heb je in je hoofd nog ruimte voor waanzinnige plannen (2008)
- Loesje 25 jaar: posters die de wereld veranderen
- Wees jezelf en geef de wereld een slinger (2009)
- Zorgen moet je doen, niet maken
- Kijk ik om me heen, sta ik midden in het leven (2010)
- Aan het strand is iedereen directeur
- Als ik het even niet meer weet, doe ik altijd een stapje vooruit (2011)
- Kom gerust een kopje suiker lenen
- Hoe behap je de wereld
- Zekerheid is voor de twijfelaars (2012)
- Ik wil best wel wat leren, maar ik ben geen dom sponsje
- Terugblikken, voor je het weet lazer je achterover de toekomst in (2013)
- Blaat het niet, dan schaapt het niet
- Onbereikbare doelen gaan zo lekker lang mee (2014)
- Geluk is een richting, geen punt
- Heeft u vaak last van keuzestress, Ja/Nee/Nu wel (2015)
- De wereld is te rond om stil in een hoekje te zitten
- We zijn allemaal tijdreizigers op zoek naar een toekomst (2016)
- Wacht niet op jezelf, knal eruit
- Probeer het 's wel zo gek te bedenken (2017)
- Alles verandert voortdurend en dat zal altijd wel zo blijven
- Zeggen wat je denkt kan ook iets aardigs zijn (2018)
- De mens terug in het milieu
- Zet je telefoon uit, de wereld heeft je nodig (2019)
- Verander muren in deuren
- De tijdsgeest is veranderd, we doen het nu weer samen (2020)
- Wees jezelf, er zijn al zoveel anderen
- Als iedereen meetelt, kan je op elkaar rekenen (2021)
- Het leven is een feest, en jij bent uitgenodigd
- Denk eens in droomscenario's (2022)

Kijk op www.shop.loesje.nl

INHOUD

© 2023 Stichting Vrienden van Loesje
© 2023 A.W. Bruna Uitgevers B.V., Amsterdam

ISBN 978 94 005 1601 4

NUR 370

Loesje is een gedeponeerd handelsmerk.

Behoudens of krachtens de in de Auteurswet van 1912 gestelde uitzonderingen mag niets uit deze uitgave worden verveelvoudigd, opgeslagen in een geautomatiseerd gegevensbestand, of openbaar gemaakt, in enige vorm of op enige wijze, hetzij elektronisch, mechanisch, door fotokopieën, opnamen of enige andere manier, zonder voorafgaande schriftelijke toestemming van de uitgever. Voor zover het maken van reprografische verveelvoudigingen uit deze uitgave is toegestaan op grond van artikel 16 h Auteurswet 1912 dient men de daarvoor wettelijk verschuldigde vergoedingen te voldoen aan de Stichting Reprorecht (Stichting Reprorecht, Postbus 3060, 2130 KB Hoofddorp, www.reprorecht.nl). Voor het overnemen van gedeelte(n) uit deze uitgave in bloemlezingen, readers en andere compilatiewerken (artikel 16 Auteurswet 1912) kan men zich wenden tot de Stichting PRO (Stichting Publicatie- en Reproductierechten Organisatie, Postbus 3060, 2130 KB Hoofddorp, www.cedar.nl/pro).

DE TIJD
KRIJGT
NIMMER
VAT OP

Loesje

VOORWOORD

Mensen vinden mij mysterieus. Terwijl ik toch altijd heel open ben en zeg wat ik denk. Misschien is het omdat ze mijn gezicht niet kennen. Omdat ik alleen mijn voornaam onder die posters zet. Omdat ik heel veel vrienden heb die mij helpen en soms ook het woord voor me doen. Ik sta nu zelf eenmaal niet graag op de voorgrond, al vind ik wat ik denk wel belangrijk genoeg om met heel de wereld te delen. Maar mysterieus? Ik vind het eigenlijk wel een compliment, net zoals wanneer ze me naïef noemen.
Er zijn heel wat mensen die zouden willen dat ze naar problemen konden kijken zonder meteen overal graten in te zien.

Nu zijn er wel wat dingen aan mezelf die ik ook niet goed begrijp. Zo blijkt het al 40 jaar geleden te zijn dat er voor het eerst teksten van mij op straat hingen. 40 jaar! Ik dacht dat ik nog geen 20 was! Ook mijn broertje gaat al bijna even lang mee, terwijl dat nog steeds dezelfde etterige puber is. Of niet? Vroeger liep-ie alleen maar geil en verlegen achter de meisjes aan te glibberen, maar laatst hoorde ik hem verdorie een superfeministische uitspraak doen! Zou ik ook veranderd zijn?

Ik heb mijzelf ooit een aantal labels opgeplakt. Dingen die ik toen vond dat ik was en die ik belangrijk vond om in mijn teksten uit te dragen. De hoofdstukken van dit boekje zijn ernaar genoemd. Het leek me leuk om eens te kijken of er in de afgelopen 40 jaar veel veranderd is, en om te kijken wat we de komende 40 jaar nog zouden kunnen doen om de wereld beter en mooier te maken...

Ga je mee?

NAÏEF

HET BLIJFT
EEN
COMPLIMENT

Loesje

HÉ FRISSE WIND

GA JE MEE

EEN TOCHTJE

MAKEN

Loesje

1986

GA JE MEE

DE ZON

BINGEWATCHEN

Loesje

2019

GA JE MEE

WAT

MOED ZAAIEN

Loesje

2020

GA JE
MEE

OPROER
KRAAIEN

Loesje

2003

Eén ding is in elk
geval níét veranderd:
ik doe nog steeds
graag dingen samen.
Doe je mee?

GA JE MEE
ROLLEBOLLEN
IN WARMGETINTE
HERFSTBLADEN

Loesje

2004

IDEALEN IN UITVOERING

1990

Dit zal wel nooit veranderen. En dat is maar goed ook...

INTRO

VRIJE PLAKPLAATS
NACHTDIEREN
Playful Arts Festival 2014 Urban Play
19-22.06
MAINSTREET
LEVENSVRAGEN
IK RICHT ME LIEVER OP HET AANBOD
Loesje
THE MAINTOUR 2014
AANVANG 19:00 ZAAL OPEN 18:00
TICKETS €37,50 / €32,50 / €27,50
ZO 22 JUN
POPPODIUM TILBURG
WWW.013.NL

Wat een energie was er, 40 jaar geleden. Er waren hopen mensen die de handen vuil wilden maken om een betere wereld te maken. Alleen richtten velen hun energie niet op hun idealen, maar op alles wat die idealen in de weg zou kunnen staan. Men was tegen. Tegen kernwapens, apartheid en leegstand. Tegen milieuvervuiling, het koningshuis, bezuinigingen en zo nog heel wat meer dingen. Zou het niet veel nuttiger, inspirerender en, vooral, leuker zijn om ergens vóór te zijn? En dat dan van de daken te schreeuwen? En toen werd ik geboren; ik kwam als geroepen! Ik werd Loesje genoemd, want dat klonk zo lief, zo schattig, zo positief, zo... mij.

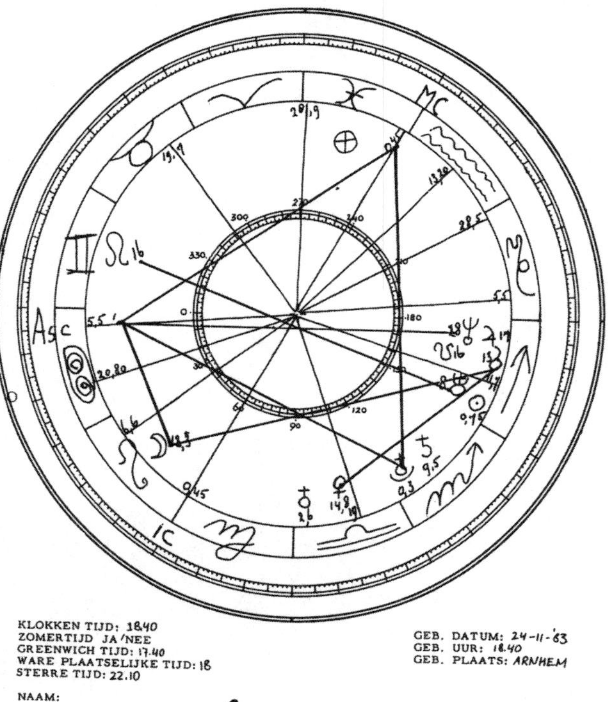

Loesje

1984

DIE KINDERBOX
DAAR BEN IK
NATUURLIJK
DIREKT
UITGEBROKEN

Loesje

1984

Lieve Loesje,

Natuurlijk vindt iedere moeder haar kind bijzonder. En dan was jij ook nog mijn eerste. (Je broertje is natuurlijk ook een schat, als-ie een keer niet zo'n grote mond heeft en gewoon zijn kamer opruimt...) Maar zo'n meid als jij had ik niet durven dromen. Waar andere pubers hun ouders en heel de wereld van alles kwalijk nemen en veel ruzie maken en gaan zitten mokken, ging jij algauw met die posters van je aan de slag. Jij maakte je ook kwaad over van alles en nog wat, maar je ging aan de slag. Liever dan de ideeën van anderen belachelijk te maken, verzon jij je eigen ideeën. En als anderen die belachelijk vonden, leek jou dat niets te kunnen schelen. Moesten ze zelf maar iets minder belachelijks verzinnen. Jij houdt mij scherp. Bij jou kom je niet weg met standaard antwoorden en oude oplossingen. Jij vraagt door. En door. De gekste dingen vraag je. En ik moet maar bedenken waarom het zo is als ik zeg, en waarom wat jij zegt niet klopt.

Ach, jij redt je ook wel. Dan was je weer opgepakt met plakken en werd je weer vrijgesproken. Dan had je aan het eind van je geld een stuk maand over en wist je toch met wat statiegeld een ruim ontbijt bij elkaar te sprokkelen. Je houdt mij jong, Loesje. Net als jij zelf. Ik kan me je eigenlijk alleen maar als tiener herinneren en ik kan me niet voorstellen dat je ooit echt volwassen zult worden. Blijf lekker wie je bent, meid. De wereld is mooier met jou...

Liefs van je moeder

AL HAAR
GEKHEID
PAST NIET
OP EEN STOKJE

de moeder
van Loesje

2016

Algauw verscheen mijn handtekening onder vele zwart-witposters met inspirerende teksten. Eerst alleen in Arnhem, langzamerhand op steeds meer plekken in het land

1984

Loesje

POSTBUS 1045
6801 BA ARNHEM

1984

IK
BEN
NIET
AARDIG

1986

LOESJE KAN AL LOPEN
VOORUIT

1984

Loesje

POSTBUS 1045
6801 BA ARNHEM

1984

1985

Ik gebruikte dus in het begin wel meer plaatjes. Vind je dat leuk? Moet ik dat meer doen? Maak je dan een tekening voor me? Deze is al van lang geleden...

1984

ALS LOESJE KOMT
WORDT ALLES
ANDERS

1983

ACTIE

Democratie is echt een heel goed idee en iets om naar te streven, ook al werkt het misschien niet altijd even goed in de praktijk. Het werkt vooral als mensen niet denken dat ze ervanaf zijn met een vakje rood maken en daarna vier jaar hun mond houden. Als het goed is volgt de politiek de ontwikkelingen in de maatschappij en dan ben ik er graag bij om die maatschappij mee te ontwikkelen. Toch heb ik wel eens meegedaan aan de verkiezingen. In 1986 was dat. Niet dat ik ook maar in de buurt kwam van een zetel, maar daarna wist in één keer heel Nederland wie ik was en kreeg ik ook door het hele land hulp met schrijven en plakken enzovoort.

Daarna heb ik nog twee keer een verkiezingsprogramma uitgebracht, zonder mij verkiesbaar te stellen. Zelfs als je onbekommert streeft naar het ideale, is het namelijk wel handig voor jezelf duidelijk te hebben wat dat dan is, dat ideale. Dat streeft een stuk prettiger. Helemaal als je met een hoop mensen tegelijk wil streven.

Op de volgende pagina's zie je hoe ik als publiciteitsstunt twee olifanten naar de Haagse porseleinkast bracht en op het Binnenhof een toneelstukje opvoerde. Dat gebeurt daar wel vaker, alleen vertelde ík erbij dat het maar toneel was...

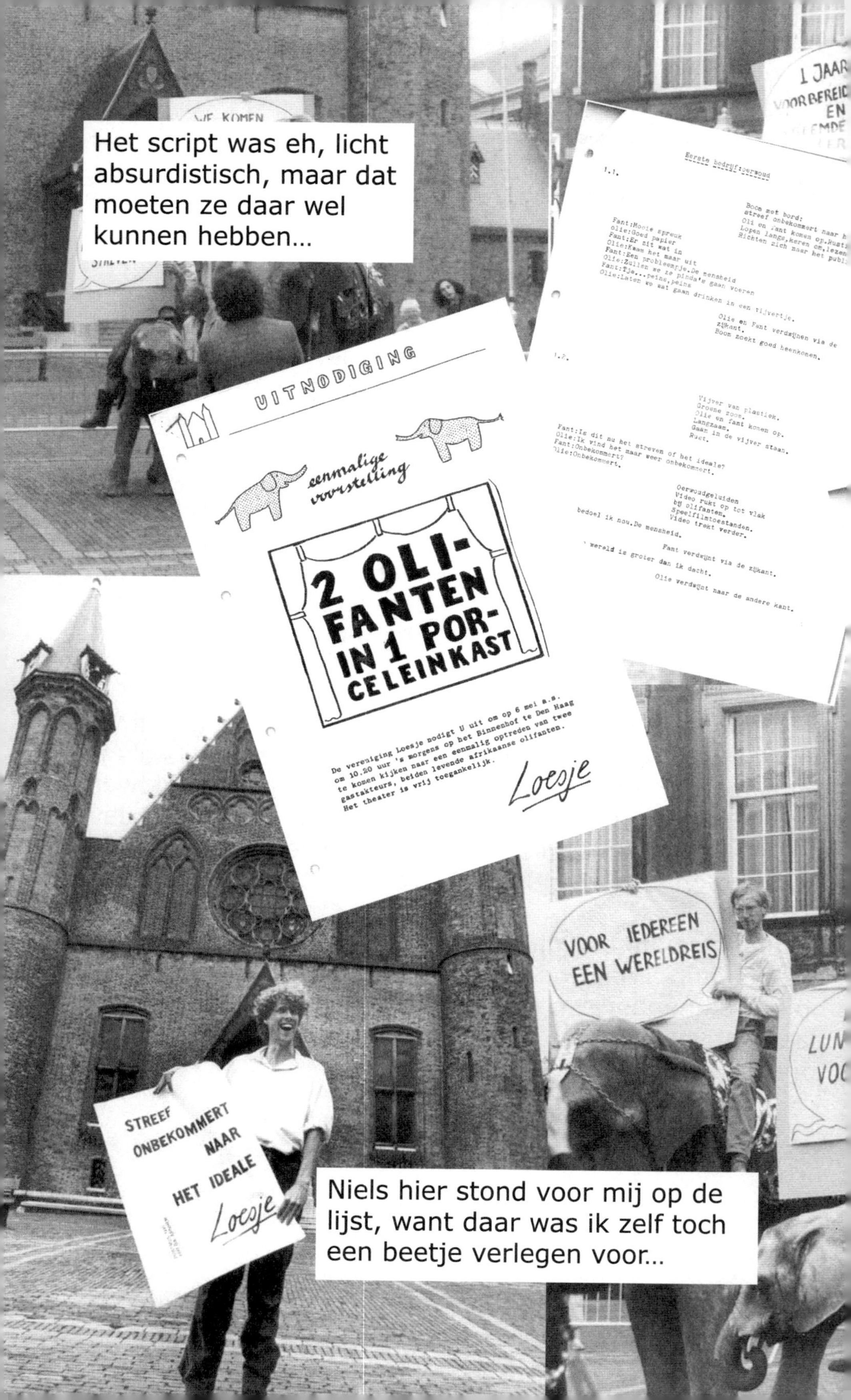

UITNODIGING

eenmalige voorstelling

2 OLIFANTEN IN 1 PORCELEINKAST

De vereniging Loesje nodigt U uit om op 6 mei a.s.
om 10.20 uur 's morgens op het Binnenhof te Den Haag
te komen kijken naar een eenmalig optreden van twee
gastakteurs, beiden levende afrikaanse olifanten.
Het theater is vrij toegankelijk.

Loesje

Eerste bedrijf:oerwoud

1.1.

Boom met bord:
streef onbekommert naar h
Oli en fant komen op.Rust
Lopen langs,keren om,lezen
Richten zich naar het publ

Fant:Mooie spreuk
olie:Goed papier
Fant:Er zit wat in
Olie:Kwam het maar uit
Fant:Een probleempje.De mensheid
Olie:Zullen we ze pinda's gaan voeren
Fant:Tja...peins,peins
Olie:Laten we wat gaan drinken in een vijvertje.

Olie en Fant verdwijnen via de
zijkant.
Boom zoekt goed heenkomen.

1.2.

Vijver van plastiek.
Groene zoom.
Olie en fant komen op.
Langzaam.
Gaan in de vijver staan.
Rust.

Fant:Is dit nu het streven of het ideale?
Olie:Ik vind het maar weer onbekommert.
Fant:Onbekommert?
Olie:Onbekommert.

Oerwoudgeluiden
Video rukt op tot vlak
bij olifanten.
Speelfilmtoestanden.
Video trekt verder.

bedoel ik nou.De mensheid.

Fant verdwijnt via de zijkant.

wereld is groter dan ik dacht.

Olie verdwijnt naar de andere kant.

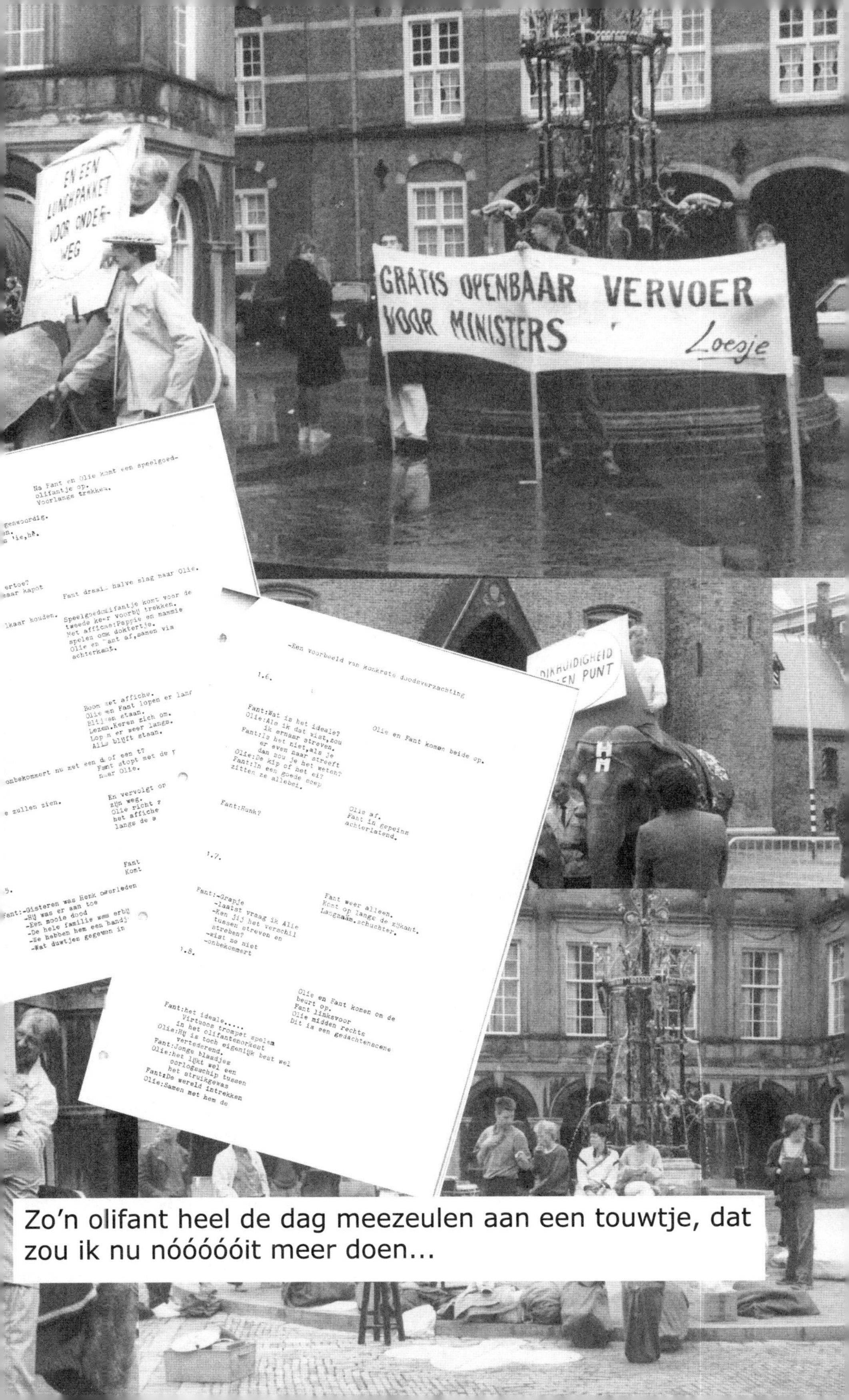

Zo’n olifant heel de dag meezeulen aan een touwtje, dat zou ik nu nóóóóóit meer doen...

MEER TIJGER

ZONDER CIRCUS

Loesje

2010

Zie je wel? Deze serie schreef ik in 2010...

NIEUWE CIRCUSACT

EEN OLIFANT DIE VRIJ DOOR AFRIKA LOOPT

Loesje

2010

ALLE WILDE DIEREN
DE TENT UIT

ALLEEN
MIJN VRIENDJE
MAG BLIJVEN

Loesje

2010

KRUKJE

IK ZIT LIEVER OP
EEN CIRCUSDIRECTEUR

de olifant
van Loesje

2010

ABCDEFGHIJKLMN
OPQRSTUVWXYZ
abcdefghijklmno
pqrstuvwxyzæœ
1234567890

Toen ik begon, maakte ik mijn posters nog met de hand. Alles overtrekken vanaf zo'n papiertje en dan hop! naar de copyshop...

Een handleiding die ik ooit schreef voor vrienden in een andere stad...

Als je de affiches gaat plakken, ...
dus elk affiche moet ook op zichzelf kunnen staan.

Lay-out

De tekst trek je over met een fine-liner en kleur je in met een dikke stift. Je kunt op de achterkant van het papier strepen trekken met een liniaal om rechte regels te krijgen, of het papier vouwen.

NIET ZO DIK
ONREGELMATIG
TE WIJD

Als de tekst van een familielid van Loesje is, trek je 'de vader van' over in under-cast (kleine letters). Die verklein je één keer (71%). Makkelijker is natuurlijk als je hem al op een oud affiche hebt. Dan knip je alles uit, handtekening en postbus van een oud affiche erbij. Net zo lang heen en weer schuiven, tot het niet meer beter kan. Vastplakken, aan de muur hangen en krities bewonderen. Misschien wordt ie nog mooier als je alles net iets naar rechts opschuift. Is het wel recht? Even nameten met je geodriehoek en verbeteren. Wees vooral niet bang om overnieuw te beginnen.

> Vergeet niet al je plaatselijke teksten en tekstvoorstellen op te sturen naar de postbus, dan kan een ander ze ook gebruiken. Dit geldt vooral ook voor kant of klare lay-outen.

Veel suc6!

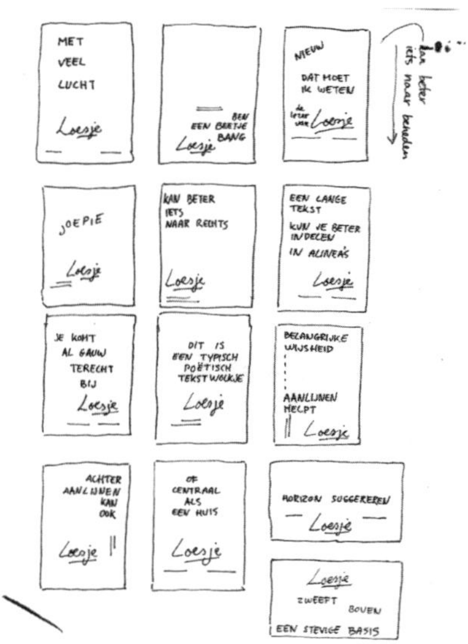

Dan zag het er zo uit, best gezellig. Maar wel een hoop gedoe...

STEL

ONDER DE STOEP
LIGT
POSTBUS 1045 6801 BA ARNHEM
HET STRAND
Loesje

ER IS
GEEN VERLOSSER
POSTBUS 1045
6801 BA ARNHEM
Loesje

Toen kreeg ik een computer en ging ik helemaal los, joh. Wat je daar allemaal niet mee kon... Kreeg je dit soort posters. Binnen een jaar toch maar mee opgehouden.

VERANDERING
DAAR GA IK
WEL VAN UIT

Loesje

Sindsdien is alles weer strak en simpel. Ik niet natuurlijk, mijn posters wel. Je kunt ze goed lezen zo.

RAAR
IS
GEK
ZO
NOG NIET

Loesje

Mijn vriendinnetje Pien maakte een paar jaar terug die oude letters na, zodat ik die gezellige look ook op de computer kan namaken. Op poster heb ik ze nog niet veel gebruikt, voor dit boekje wel, om deze oude posters mee te faken. Oeps, verklapt!

WIJ WILLEN

MEER

IDEALEN

Loesje

1989

JA MAAR
WIE BEN IK
OM AAN MEZELF
TE TWIJFELEN

Loesje

2004

LEKKER LEVEN
IS HET
ANTWOORD OP
STOMME VRAGEN

Loesje

1995

WAUW

IK HIER

Loesje

2004

FAVORIETE TEKST

***Catharina Oosterloo** zat in een zware periode samen met haar autistische zoon. De tekst 'Het was zo donker om me heen dat ik overal lichtpuntjes zag' kwam precies op het juiste moment.*

Catharina: 'In de nacht van 30 op 31 maart 2009 kreeg mijn autistische zoon een zware psychose. Op dat moment kon ik (gelukkig) niet weten hoe gruwelijk deze uit de hand zou lopen en hoelang het zou gaan duren.

Ergens in 2016 wist ik het echt niet meer, en ik had ook geen hoop meer dat mijn lieve zoon, die totaal verdwenen was en veranderd was in een ander mens, ooit nog beter zou worden.

'En precies toen ik het nodig had, zag ik ergens een poster van Loesje'

En precies toen ik het nodig had, zag ik ergens een poster van Loesje, ik weet niet eens meer waar, maar de tekst kwam heel helder binnen en was precies wat ik op dat moment nodig had: "Het was zo donker om me heen dat ik overal lichtpuntjes zag."

Ik dacht na en inderdaad, ik zag een lichtpuntje. En nog een, en nog een, het waren er eigenlijk best veel. Daardoor kreeg ik weer een beetje moed en kon er weer tegenaan. Ik kon er weer helemaal zijn voor mijn zoon, op een positieve manier.

En toen gebeurde er een wonder: mijn zoon ontmoette een meisje, net als hij autistisch, die hem begreep en hem er helemaal bovenop hielp. Ze wonen nu al drieënhalf jaar samen, met de leukste kat van de wereld. Hij is weer helemaal de aardige man die hij vroeger was, nog liever zelfs.'

HET WAS

ZO DONKER

DAT IK

OVERAL

LICHTPUNTJES

ZAG

Loesje

1994

JE KUNT ALLEEN
TIJD VERSPILLEN

ALS JE VERGEET
ER VAN TE GENIETEN

Loesje

2007

INITIATIEFRIJK

Volgens mij kun je niet naar de wereld kijken hoe het allemaal gaat en geregeld is en je er dan níét over opwinden. En volgens mij heeft iedereen dat ook wel. Maar wat ik dan niet, echt niet, begrijp is al die mensen die vervolgens op hun gebalde vuisten blijven zitten en niet eens proberen er iets aan te veranderen. Natúúrlijk gaat dat niet van één-twee-drie, maar van vijf-zes-zeven-hopfaldera schiet het al weer een stuk meer op. Helemaal als je wat vrienden meeneemt, hartstikke gezellig. In je eentje kun je het niet, maar als niemand iets uitvoert, gaat er natuurlijk nooit geen ene ef veranderen. Of wou je soms gaan wachten totdat Superman het voor je op komt lossen? En dan noemen ze mij naïef...

Dus heb ik op een gegeven moment dat groepje vrienden verzameld en hebben we die eerste posters geplakt. Niet om ineens de hele wereld, maar wel de school, de straat, de buurt, de stad wat mooier te maken. Om minstens één iemand even vrolijk te maken, even te laten nadenken, even boos te maken. Of om tenminste ons zelf op te vrolijken, het gevoel te hebben iets voor de wereld te doen. En mensen wérden vrolijk, gingen nadenken over wat ik zei, maakten zich kwaad. En vroegen me of ik nog wat van die posters had. En of ze die in hun eigen stad mochten ophangen.

En intussen ben ik duizenden teksten, in tientallen talen, in misschien wel honderd boekjes verder. Doe rare acties op straat, maak kalenders en kleren en geef zelfs les op school! En ik zie niet in waarom ik daar allemaal mee zou moeten stoppen. Of heb jij een beter idee? Laat maar weten, ik doe mee...

VERBETER DE WERELD

BEGIN

Loesje

2003

AL DIE
GEBALDE VUISTEN
IN DE HUISKAMERS

DA'S HET ERGSTE

Loesje

1997

**ALS JE
DEZE POSTER
NIKS VINDT**

**MAAK JE ER
TOCH ZELF EEN**

Loesje

1999

**MAAK VAN EEN
KLAAGZANG**

EEN PROTESTLIED

Loesje

2023

Dit schreef ik in 1987, toen was ik vijftien (ik snap het nog steeds niet helemaal hoe dat zit met mijn leeftijd, maar ik heb het zelf geschreven, dus het zal wel...).

Inmiddels is mijn bende flink gegroeid, maar de wereldbevolking ook. Er is dus nog wel wat werk aan de winkel en hulp is dan ook van harte welkom. Stuur me gerust een berichtje als je zin hebt om mee te doen. Je vindt mijn adres achter in dit boek en op alle posters.

Ja, die postbus werkt nog steeds!

dat ie nou even opbelt.

- En de wereld. Die draait, 24 uur, een etmaal, maanden, jaren, ruimte, tijd. Niemand staat stil. Alles beweegt ook al zou iemand het willen. Stil staan. Haha, niemand staat stil alles beweegt.

Ik leef,
volgens de laatste kansberekening,
74 jaar.
Vanaf nu 60 jaar bewust.
Een jaar telt 365 dagen.

132

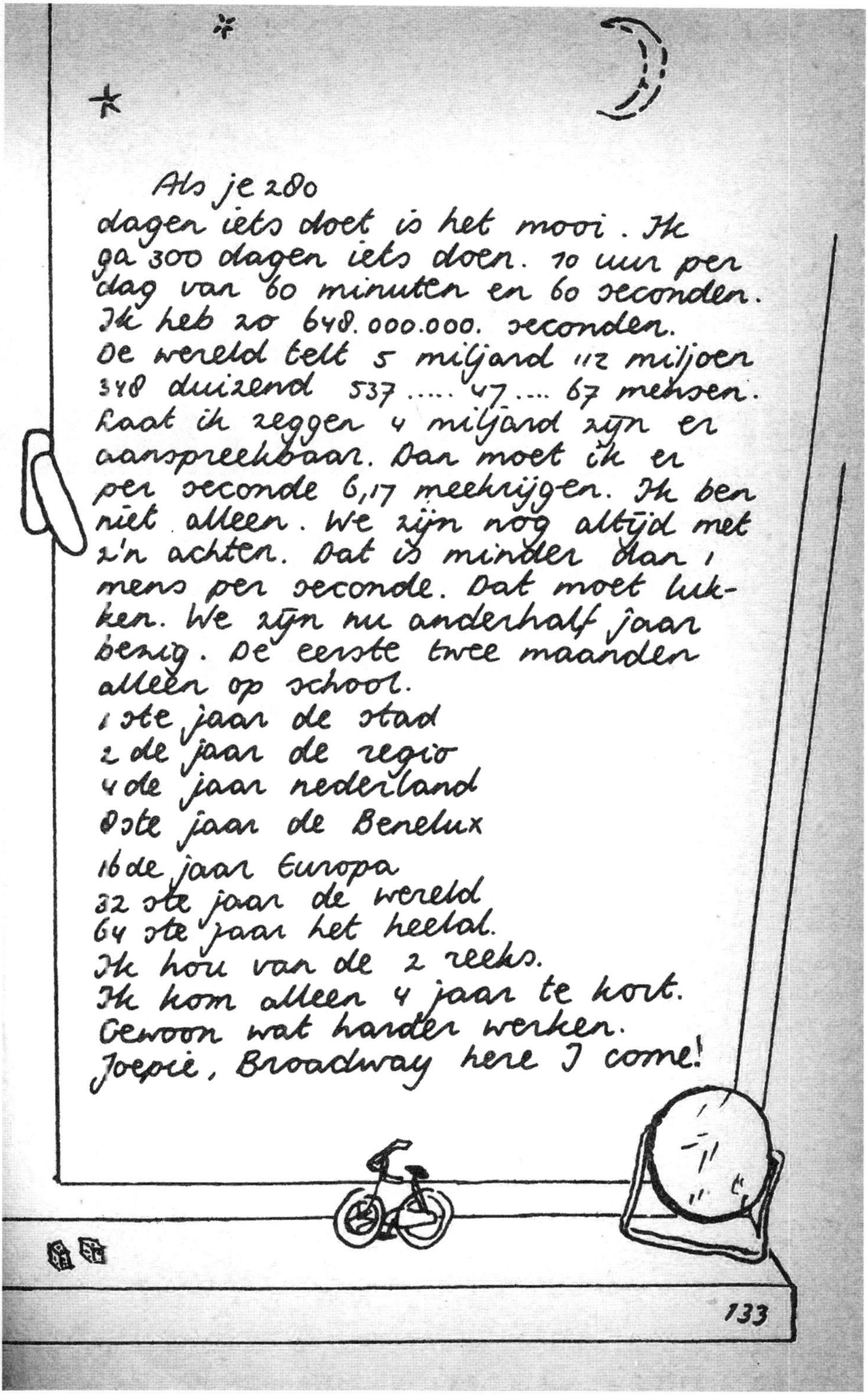
Als je 280
dagen iets doet is het mooi. Ik
ga 300 dagen iets doen. 10 uur per
dag van 60 minuten en 60 seconden.
Ik heb zo 648.000.000. seconden.
De wereld telt 5 miljard 112 miljoen
348 duizend 537 ..... 47 .... 67 mensen.
Laat ik zeggen 4 miljard zijn er
aanspreekbaar. Dan moet ik er
per seconde 6,17 meekrijgen. Ik ben
niet alleen. We zijn nog altijd met
z'n achten. Dat is minder dan 1
mens per seconde. Dat moet luk-
ken. We zijn nu anderhalf jaar
bezig. De eerste twee maanden
alleen op school.
1ste jaar de stad
2de jaar de regio
4de jaar nederland
8ste jaar de Benelux
16de jaar Europa
32ste jaar de wereld
64ste jaar het heelal.
Ik hou van de 2 reeks.
Ik kom alleen 4 jaar te kort.
Gewoon wat harder werken.
Joepie, Broadway here I come!
133

HOEVEEL
WERELDPROBLEMEN
HEB JIJ OP JE
TO-DOLIJSTJE

Loesje

2020

ACTIE

Dus. Ik heb het even nagekeken. En inderdaad is het alweer 15 jaar geleden dat ik mijn 25e verjaardag vierde. En goed ook! Met mijn eigenste stadsbus ben ik heel het land doorgescheurd. Van Groningen tot Breda, van Alkmaar tot Zwolle. Met muziek, kussengevechten en stoepkrijttwister.

We schreven teksten met iedereen die mee wilde doen, droomden heerlijk weg in een gigantisch bed en hingen vervolgens onze dromen te wapperen aan de waslijn. En in veel steden deden we ook nog een actie om een begin te maken de stad er als een droom te laten uitzien.

De ene keer deden we dit, de andere keer deden we dat. Want acties zijn het leukst als het spontaan gaat. Als je er lekker enthousiast over bent en nog geen tijd hebt gehad dat enthousiasme te verpesten met zoiets saais als realisme en haalbaarheidsanalyses. Had ik dat gedaan, dan waren die olifanten ook nooit op het Binnenhof terechtgekomen.

Want naast mijn posters zijn dit soort maffe acties mijn favoriete manier om de wereld mooier te maken. Nu heeft niet iedereen de beschikking over zo'n mooie stadsbus. Niet iedereen heeft vrienden van Zwolle tot Alkmaar. Maar de meeste acties die je in dit boek tegenkomt, zijn uit te voeren met een minimum aan spullen, een handvol enthousiastelingen en een hoop goede zin. Je hebt eigenlijk alleen een goed idee nodig. Probeer het zelf maar eens...

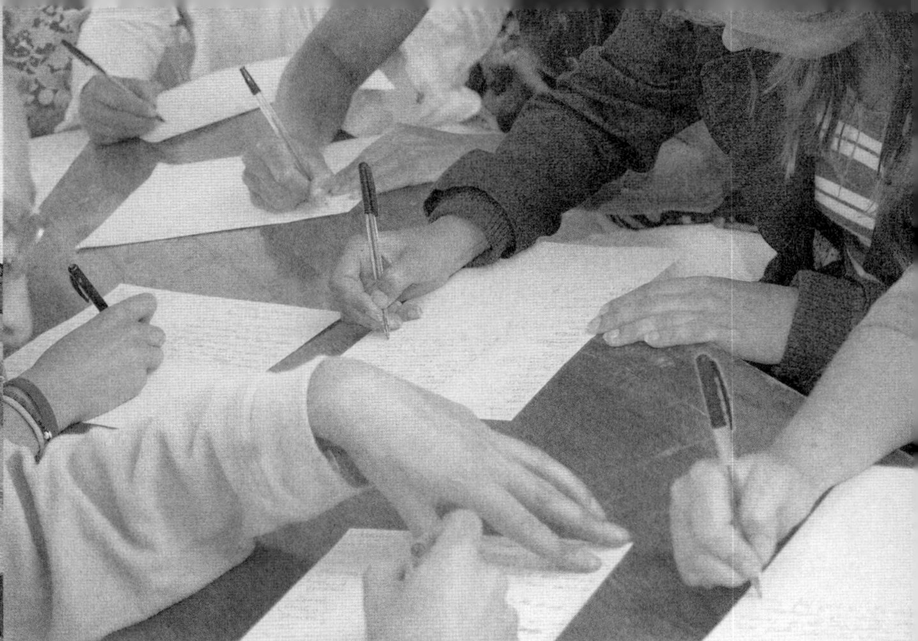

HET LIJKT
SIMPEL
EN
DAT IS HET OOK

Beste stuiterende Loesje,

Als je lanterfantend door het leven gaat zoals ik, leer je om te gaan met leegte en verveling. En juist daaruit ontstaan de grootste initiatieven, ook de kleinste...

Zo heb ik vandaag nog een bruggetje gebouwd in een regenplas om een stel kevers een nieuwe infrastructuur aan te bieden. En ik heb tijd om te bepalen aan wat voor plannen ik bij zou willen dragen. Energie heb ik ook. Ik hoef allang niet meer te solliciteren of te werken voor een salaris. Ze hebben het opgegeven om me in loondienst te dwingen, ik heb menig personeelschef met wie ik een sollicitatiegesprek had ertoe aangezet om ontslag te nemen en met me mee te gaan op een missie voor het een of ander. Dat hadden ze op een gegeven moment door bij de gemeente en toen heb ik een basisinkomen gekregen, gewoon om te zorgen dat er nog personeelschefs overbleven.

Ik ben initiatiefrijk geboren, maar als het moet voor een baas word ik opstandig. Dan kom ik ook helemaal niet op goede ideeën. Nu help ik mee met het ombouwen van de oude bioscoop tot een cultureel buurtcentrum. Ik ga er wel voor zorgen dat dat echt een broedplaats blijft waar ruimte is voor experimenten en alles mag mislukken, niks moet mooi hoeven zijn en alles mag. En de verantwoording die we schrijven is hoogstens één A4'tje lang en wordt bij voorbaat goedgekeurd zolang er maar initiatieven zijn uitgevoerd. Wat een rijkdom!

Voortvarende groeten van neef Karel

ER IS NIETS
LEKKERDER
DAN LUIEREN OP
'T ZAND

DAT JE ERGENS
OVERHEEN
HEBT GEGOOID

neef Karel
van Loesje

2007

HET WAS ZO'N DAG ALS DEZE
DAT MARCO POLO
NAAR CHINA VERTROK

WAT ZIJN JOUW PLANNEN
VOOR VANDAAG

Loesje
1991

Schijnt die knakker helemaal niet in China te zijn geweest, joh. Maar hé, we praten er nog steeds over...

WACHT NIET TOT
DE VERANDERING
JOU IN GANG ZET

Loesje
2023

maak van elke dag
een sprookje
red draken
en versla
verwende prinsessen
kus af en toe
een kikker
en pluk de rijpe bramen

Loesje

2003

ALS WE
DE DEUREN
VAN ONZE AUTO'S
'S AVONDS
OPEN LATEN

HEBBEN
VIJF MILJOEN
ZWERVERS EEN
SLAAPLAATS

Loesje
1991

TRADITIES ZIJN ER
OM TE BEGINNEN

Loesje
2022

Loesje

1987

ER WORDT TEVEEL ABSTRACT GEDINGEST

FAVORIETE TEKST

Pim Lammers *is schrijver voor kinderen en volwassenen. Zijn verhalen en gedichten gaan vaak over gender- en seksuele diversiteit.*

Pim: 'Toen ik op de middelbare school zat, hingen er in het Nederlands lokaal allerlei Loesje-posters aan de muur. Ik weet nog dat ik ze erg grappig vond en ze overschreef in mijn agenda. Ik raakte er zelfs door geïnspireerd en probeerde zelf ook zulke slimme zinnen te bedenken. Het was een fijne schrijfoefening en een paar van die zinnen werden uiteindelijk opzetjes voor gedichten.

'Ik schreef Loesje-teksten over in mijn agenda'

Nog steeds kan ik de grappige, rake zinnen van Loesje erg waarderen. Ze werken eigenlijk een beetje zoals poëzie ook werkt: ze zetten je vaak aan het denken en laten je even anders naar de wereld kijken. Het is heel knap als één zinnetje dat kan doen.

Ik ben zelf vooral dol op zinnen die met een kritische blik naar onze samenleving kijken en waarvan je meteen denkt: precies, zó zit het! Een goed voorbeeld is de volgende zin: "Zeggen wat je denkt kan ook iets aardigs zijn." Het is een zin uit 2014, maar helaas nog steeds van toepassing. Mensen willen altijd van alles kunnen roepen en doen dat dus ook, vooral op internet. Maar waarom moeten dat altijd zulke afschuwelijke dingen zijn? Waarom vinden mensen het zo leuk om gemeen te zijn? Laten we elkaar wat vaker complimenten geven.'

ZEGGEN
WAT JE DENKT

KAN OOK
IETS AARDIGS ZIJN

Loesje

2014

MAAK
DE TIEN
VERSCHILLEN

Loesje

2017

DAADKRACHTIG

1

Beginnen is altijd het moeilijkste. Zo zit ik nu al best een tijd tegen het schrijven van deze stukjes aan te hikken. Ik had nou eenmaal afgesproken met de uitgever dat ik dit boekje ging maken en dan willen die mensen natuurlijk ook een boekje hebben op een gegeven moment. Dus nu ben ik maar gewoon begonnen met schrijven en zul je zien dat ik zo meteen weer een heleboel woorden moet gaan schrappen omdat het anders niet meer op deze bladzijde past. Ik zal niet zeggen dat ik alles op de meest logische of efficiënte manier doe (hahaha!), maar ik doe wel dingen. En een hoop ook. En nu wil ik heel graag dit boekje maken. Hoewel ik het werk eraan soms maar saai vind en ik tegen de tijd dat het eindelijk verschijnt, waarschijnlijk al weer tot over mijn oren in het volgende project zit.

Maar dat is de truc, denk ik. Als je wat je doet, ook graag wil, is het veel makkelijker vol te houden. Verdien je geld om voor je kinderen te zorgen, of om je derde hypotheek en je vierde auto op de rit te houden? Sta je jezelf uit te sloven om mensen tegen je op te laten kijken of gewoon om je vrienden eens goed aan het lachen te maken? Het kan op elkaar lijken, maar het is niet hetzelfde.

En dat verschil is belangrijk, vind ik. Want als ik sommige van mijn posters door de jaren heen lees, lijk ik wel zo'n #succes-is-a-stateofmind-zelfhulpgoeroe. Misschien is de weg belangrijker dan het doel, maar ik loop wel liever wel de goede kant op.

Zo. Dat is weer een bladzijde. Toch best leuk. Benieuwd wat ik zo meteen weer ga doen...

POFFERTJES
BEGINNEN OOK ALS

DRUPPEL

OP EEN GLOEIENDE
PLAAT

Loesje

2014

JUST DO IT
FREE YOUR MIND
LET'S MAKE
THINGS BETTER
LIVE LIFE TO THE MAX
GRATIS ORGANIZER
DENK VRIJ
HAVE THE GUTS

Loesje
1996

KOOP EEN HUIS
NEEM EEN BAAN
RIJ DIE AUTO
GRIJP DAT WIJF
DRINK DIE FLES
SLIK DIE PILLEN
SCOOR DAT PUNT
GELOOF DIE ONZIN

Snap je? Daar wil
ik niet op lijken...

Loesje
1996

Loesje

1988

GELUK

IS EEN

RICHTING

GEEN PUNT

Lieve Loesje,

Er zijn een heleboel oplossingen, gewoon om de hoek, soms door dingen te doen, soms alleen al door je huis en je aandacht aan te bieden. Ik houd van gezelligheid en weet graag waar iedereen mee bezig is. Ik ben geïnteresseerd. Dat heb ik altijd al gehad.

We zijn allemaal mensen, waar we ook vandaan komen en naartoe gaan. En we hebben zoveel gemeen. Om te kunnen leven moeten we eigenlijk allemaal zo'n beetje hetzelfde doen. Ja, de één houdt zich hiermee bezig en de ander daarmee... maar we hebben allemaal eten, kleding, een dak boven ons hoofd en een beetje liefde en aandacht nodig. Kun je wel een ongezouten mening hebben en chagrijnig zijn, toch is het zo.

Bij mij in het buurthuis en aan de keukentafel is iedereen welkom. Wel lastig soms, nu er zoveel via internet gaat. Ik ben meer van de 'real life' ontmoetingen. Gelukkig heb ik daar een groot talent voor: vaak doe ik gewoon het keukenraam open en zet iets lekkers in de oven. Ze kennen me wel in de straat. Misschien moet ik mijn keukentafel toch eens op Instagram zetten dan, komen ze straks van over de hele wereld. Vol is wel zo gezellig!

Groetjes van je tante Rie

BENT U
AL LID VAN
DE
FEESTCOMMISSIE

tante Rie
van
Loesje

1994

JE WEET PAS
OF HET LEVEN
HARD IS

ALS JE JE TANDEN
ERIN ZET

Loesje

2003

ACTIE

Toen ik werd geboren, was het Koude Oorlog. Brrr...
De wereld leek simpel: West-Europa was kapitalistisch en vrij, het Oosten communistisch en onderdrukt. Er stond een hoog hek tussen. Toen dat eind jaren 80 in elkaar zakte, ben ik gelijk met wat vrienden in een bus gesprongen en naar het Oosten gereden. Ik wilde al die mensen waar ik lang alleen óver gehoord had, wel eens zien. Met hen praten, eten, dansen, schrijven, plakken. Waren ze daar echt zo zielig en achtergesteld? Wilden ze wel bij het Westen horen? In bijna twee maanden reed ik door zes landen in Oost-Europa. Ik schreef er een boekje over, *Rode Peper*.

Verrassing, verrassing. Al die landen waren erg verschillend, en de mensen die er woonden ook. Sommigen genoten volop van hun net gewonnen vrijheid, anderen waren nog wat onwennig. Sommigen keken vol hoop de toekomst in, anderen hadden heimwee naar het stalinisme. Voor een keer waren dingen niet zo simpel als ze ons werden voorgesteld.

Ik maakte veel vrienden daar, waarvan er een hoop met mijn posters aan de slag gingen: het begin van mijn internationale avontuur. Volgens mij is Australië het enige bewoonde continent waar nog geen posters van mij hebben gehangen. Initiatief zoekt nemer...

De stills op de volgende pagina komen uit een film over de Rode Peper-reis. Je kunt die bekijken op mijn YouTube-kanaal via de QR-code.

scan mij

ÜBERGEBLIEBENE MAUERN
CHINA
JERUSALEM
VATIKAN
maar na dat enthousiasme
valt de realiteit niet mee.
Hij zegt dat de commur
onderdrukking nu over
Jozef
studentenleider
...die zeiden dat er tanks in Praag
rondreden.

In dit land houden ze eigenlijk
niet van communisten...

EEN GRENS
IS EIGENLIJK
EEN WENS

OM VERDER
TE GAAN

Loesje

1988

Als je 'grens' leest als 'denkbeeldige lijn die aangeeft waar het ene land ophoudt en het andere begint', dan is deze tekst uit 1988 nog altijd prima.

ALS IK GRENSOVER-SCHRIJDEND GEDRAG WIL DAN ZEG IK DAT WEL

Loesje

2022

Tegenwoordig wordt 'grens' vaak ook figuurlijk gebruikt.
En dan is die tekst hiernaast helemaal niet zo oké meer...

MIJN GRENZEN

STAAN

WIJD

OPEN

Loesje

jaar onbekend

En hoe zou je deze lezen in het jaar 2023?

GRENSOVERSCHRIJDEND

HOU DE WERELD

ROND

JE POTEN

THUIS

Zo dan.

Loesje

2003

LEUK TOCH

DAT JE VRIJHEID
GRENST
AAN DIE
VAN ANDEREN

Loesje

2006

En toen had ik ineens overal vrienden, joh. Door de jaren heen zijn er, als ik goed geteld heb, posters verschenen in 51 landen, in 37 talen en in 5 verschillende alfabetten. Op mijn internationale site www.loesje.org vind je ze allemaal. Daar kun je ook kijken in welke landen ik allemaal actief ben. Of wat posters uitprinten als je je op je vakantie verveelt!

იზრუნე
დედამიწაზე

და ისიც
იზრუნებს
შენზე

Loesje

www.loesje.org
loesjegeorgia@gmail.com
www.facebook/LoesjeGeorgia/

Georgië (2019): Zorg voor de aarde en zij zal voor jou zorgen

**JEDNOROŻCE
UZNAJĄ LUDZI**

**TYLKO ZA
WYTWÓR
WYOBRAŹNI**

www.loesje.pl loesje@loesje.pl

Loesje

Polen (2022): Eenhoorns kennen mensen enkel als product van de verbeelding

**LA MAFFIA A
ÉLIMINÉ SAINT-
NICOLAS**

IL EN SAVAIT TROP

belgie@loesje.org
www.loesje.org/belgie

Loesje

België (2003): De maffia heeft Sinterklaas vermoord / hij wist te veel

Israel@loesje.org
www.loesje.org

**האם
פוסטרים
יכולים לשנות
את העולם**

Hebreeuws (2013): Kunnen posters de wereld veranderen

الملصقات

**لا تصدر صوتا
ولكنها تستطيع
كسر الصمت**

Palestine

Palestina (2011): Posters maken geen geluid / maar ze kunnen de stilte doorbreken

ĐẦU ÓC

**ĐƯỢC MỞ CỬA
CẢ NGÀY**

www.loesje.pl
www.loesje.org

*Vietnam (2012):
Brein / heel de dag door geopend*

NE POZABI

**ŠALJIVKE_CI OHRANJAJO
DRUŽBO RAZUMNO**

www.loesje.org/berlin
berlin@loesje.org

*Slovenië (2011):
Niet vergeten / grappenmakers houden de samenleving gezond*

40 jaar Loesje

FAVORIETE TEKST

***Frank Engelbertink** was door zijn alcoholverslaving dakloos geraakt. Nu is hij ervaringsdeskundige bij het Leger des Heils en ambassadeur van Housing First Nederland.*

Frank: 'Op 35-jarige leeftijd belandde ik in een burn-out en ontwikkelde ik een alcoholverslaving, ik dronk een kratje Duvel per dag. Dit liep zodanig uit de hand dat ik mijn baan en gezin kwijtraakte. De schulden zorgden ervoor dat in september 2011 op een dag de deurwaarders op de stoep stonden om mijn huis te ontruimen.

De eerste nacht die ik op straat sliep, kan ik me nog heel goed herinneren. Ik voelde me machteloos, verloren en angstig over wat me te wachten stond. Ik ben op een bankje in het park gaan slapen op een beschutte plek met een lantarenpaal in de buurt. Na een tijd op straat te hebben gewoond mocht ik bij mijn ex-vrouw logeren, dat heeft me gered.

'De eerste nacht op straat kan ik me nog goed herinneren'

Nu zet ik me als ervaringsdeskundige in om mensen van de straat te helpen aan een stabiele eigen woonplek. De politiek heeft de neiging om simpele dingen heel ingewikkeld te maken. Bij het station Rotterdam werden begin 2023 de bankjes verwijderd om daklozen te weren, maar dat is enkel een verplaatsing van het probleem.

Het is eigenlijk heel simpel: het belangrijkste is dat daklozen een huis krijgen. Als je een huis hebt, geeft dat rust in je hoofd en rust in je lijf. Vanuit daar kun je verder met het opbouwen van je leven. De Loesje-tekst "Als je niet van daklozen houdt, geef ze dan een huis" vat dit perfect samen.'

ALS JE NIET VAN DAKLOZEN HOUDT

GEEF ZE DAN EEN HUIS

Loesje

2023

LET OP
HET IS
BIJNA

SINT JUTTEMIS

Loesje

SOLIDAIR

INTEGREREN
EN WIE NU NOG NIET
MET ASIELZOEKERS
KAN OMGAAN
HOORT HIER
NIET THUIS
Loesje

Eigenlijk ben ik een ontzettend verwend nest. Ik heb een huis, altijd iets te eten, mijn ouders vind ik best lief nu ik niet meer bij ze hoef te wonen (ik ben in die afgelopen 40 jaar wél het huis uit gegaan!), mijn broertje is nog altijd irritant maar ook best lief en de rest van mijn familie ook en ze zijn er allemaal nog! Alleen opa Hurk is dood...

Ik kan studeren; hoef niet te trouwen, maar als ik dat wil, mag ik weten met wie; ik woon in een land waar ik een grote mond mag hebben en mijn teksten op straat mag plakken (daar kom ik nog terug...); en ik kan heel de wereld over, zwaaiend met mijn donkerrode paspoort.

Alleen al in mijn vriendengroep heeft lang niet iedereen het zo goed als ik. Sommigen hebben ouders verloren of hebben ouders die hen tot dingen dwingen die ze niet willen. Zitten met zichzelf in de put. Hebben te weinig geld. Komen bij het uitgaan nergens binnen zonder een hoop witte vrienden. Durven hun liefje niet te kussen omdat ze bang zijn dat hen iets wordt aangedaan. En da's nog maar gewoon in Arnhem: in de rest van de wereld zijn veel dingen nog veel erger. Ik zei al, ik ben een verwend nest.

Nu zal ik niet minder van mijn leven genieten omdat anderen het slechter hebben, dat zou zonde zijn. Maar als iemand pijn heeft, wil ik hen troosten; als iemand onrecht is aangedaan, zal ik met hen boos zijn en als iemand niet wordt gehoord, zal ik voor hen schreeuwen. Als je me in 2063 met een emmer plak op mijn scootmobiel door de stad zie crossen, dan is dat waarom...

**WAAROM
MOEILIJK DOEN**

**ALS
HET SAMEN KAN**

Loesje

1991

Lieve Loesje,

Ik kan niet overal elke strijd kracht bijzetten, elk leed helpen verlichten, maar ik wil het met heel mijn hart. Mensen moeten elkaar steunen. Niet bang zijn voor de economische reuzen van de wereld. De winstmakers hebben de mensheid allang in de verkoop gedaan en als ik daar iets van kan afknabbelen, zal ik het niet nalaten. Mijn hele leven vraag ik me al af waarom mensen zo bang zijn dat anderen niet solidair met hen zullen zijn, dat ze zo veel mogelijk euro's voor zichzelf oppotten. Laat het rollen voor ieders welzijn; geld is een middel en geen doel.

Mijn droom voor de toekomst is dat mensen, dieren en de rest van de natuur in vrede met elkaar leven, ieder zich kan ontwikkelen en verbinden met anderen. Goede huisjes, mooie dorpen en steden wereldwijd waar plek is voor al dat leven. Dat we erom kunnen lachen dat mensen ooit dachten dat ze een allesoverheersend geldsysteem nodig hadden om überhaupt 's ochtends hun bed uit te komen. Wegwerpartikelen staan in een museum om ons te herinneren aan die oude beschaving. Wat een overvloed was er daar, maar de solidariteit was vaak ver te zoeken. Is zij daarom ten onder gegaan?

Voor mijn droom werkelijkheid is... weet in elk geval dat ik je steun als je in verzet komt tegen onrechtvaardigheid in je eigen leven en in de maatschappij.

Met strijdbare en liefdevolle groeten van opa

ALS CYNISCHE
MENSEN
ZICH REALIST
GAAN NOEMEN

MOET JE OPPASSEN

de opa
van
Loesje

2022

HELP DE ARMEN

JE HELPT
DE RIJKEN
TOCH OOK

Loesje
2008

OP EEN HOUTJE BIJTEN
EN ER DAN OOK NOG
EEN VUURTJE VAN
MOETEN STOKEN

Loesje
2021

HET KAN WEL
MODE ZIJN

ALS TOERIST
DE TURKSE
OORLOGSINDUSTRIE
TE SPONSOREN

MAAR
IK GA NIET

Loesje
1995

HANGT DE WAARDE
VAN EEN
MENSENLEVEN
AF VAN DE PLEK
WAAR JE STERFT

Loesje
2001

WAAROM HEBBEN WIJ EIGENLIJK GEEN NEGERS IN DE REGERING

1990

Eh, ja... Zo zou ik het natuurlijk niet meer zeggen. In 1990 dacht men bij 'het n-woord' nog dat het over neuken ging. Goede vraag wel. Bij 'diversiteit' dacht men toen nog aan dat je genoeg fruit moest eten... En onze volksvertegenwoordiging is nog altijd niet erg representatief, dus dit soort vragen blijf ik gewoon stellen.

WAAR BLIJFT DE
EERSTE PRINSES

DIE GEWOON EEN
MBO-STUDIE
DOET

Loesje

2020

Jaja, een prinses is geen volksvertegenwoordiger. Don't get me started...

EEN MODERNE KONING

WERKT BETAALT BELASTING

O, oeps!
Daar ga ik al...

EN DOET
DE AFWAS

Loesje

2014

EN TOEN ZEI
WILLEM-ALEXANDER
»IEDEREEN
EEN WONING
ANDERS WORD IK
GEEN KONING«

Loesje

2013

40 jaar Loesje

Loesje

2000

WORDT HET

GEEN TIJD VOOR EEN

GEKOZEN KONINGIN

TWEEDE KAMER

ONDERTUSSEN
WERDEN OP DE
PUBLIEKE TRIBUNE
GOEDE PLANNEN
GESMEED

Loesje

2023

ACTIE

Ik zei al dat politiek soms net toneel is. Op Prinsjesdag is dat ook de bedoeling. De koets, de hoedjes, zwaaien, kijken, koffertje… En als alle hotemetoten dan op een hoopje in de Ridderzaal gaan zitten de centen te verdelen, dan ben ik er natuurlijk graag bij om onze volksvertegenwoordigers eraan te herinneren namens wie zij daar ook alweer zitten!

In 2005 had ik een Volksrede geschreven, die een paar vrienden verkleed als Robin Hood heel de dag door voorlazen op het Plein. Onder het motto: 'Er zijn gelukkig nog rijken van geest' wenste ik de regering 'de creativiteit van een bijstandsmoeder toe, de humor van de achterbuurt en de dromen van een student.' SP'er Harry van Bommel raakte zo geïnspireerd dat-ie een hoedje van ons jatte en er trots mee op de foto ging.

Een paar jaar later stuurde ik alle fractieleden een kussentje met een erwt. Je kent het sprookje misschien nog wel van vroeger: die gevoelige prinses die geen oog dicht deed omdat iets haar dwars zat. Een erwtje. Ik hoopte dat de Kamerleden hun kussentje mee zouden nemen naar de Ridderzaal, erop plaats nemen en geprikkeld worden om aan het volk te denken wanneer de troonrede werd uitgesproken. De meesten sliepen prima.

DEN EERSTE
VAN ORANJE
ES VADERLANDS
NKBARE VOLK
CCCXLVIII
Bron: ANP

FAVORIETE TEKST

***Nathan Rutjes** is voormalig profvoetballer die opvalt vanwege zijn positieve en sportieve houding. Loesje helpt hem om te relativeren en na te denken over het leven.*

Nathan: 'Ik ben opgegroeid met Loesje. Ik studeerde Sport en Bewegen en ik moest veel reizen; ik woonde in Rotterdam-Oost en ik ging met de metro van Schenkel naar het treinstation in Blaak en van daaruit ging ik naar Rotterdam-Zuid en toen kwam ik Loesje vaak tegen in bushokjes, bij metrostations en andere openbare plekken waar ik moest wachten.

Loesje helpt me om na te denken over het leven. Als ik een poster lees dan ga ik nadenken over hoe ik zelf over het onderwerp denk. Dat helpt om te relativeren en daar ben ik dankbaar voor.

'Loesje helpt me om na te denken over het leven'

Er zijn natuurlijk wel duizenden Loesje-teksten gemaakt. Maar een van mijn favorieten is: 'Troonrede, die mooie beloftes mogen er alleen in als je ze ook waarmaakt.' Deze tekst zou ik veel breder willen trekken. Het gaat niet alleen over de koning die iets voorleest, maar dit geldt voor iedereen.

Als je beloftes maakt die je niet na gaat komen of te hoge verwachtingen hebt waar je niet aan kunt voldoen, dan zorgt dat voor teleurstelling. Dit zorgt voor onrust, mensen worden kwaad en er komen conflicten uit voort, dus doe dat niet. Dat is ook in de sport heel belangrijk: zorg voor realistische doelen en blijf eerlijk communiceren naar mensen.

Want eerlijkheid zorgt ervoor dat je zelf je beloftes altijd na kunt komen.’

TROONREDE

DIE MOOIE BELOFTES MOGEN ER ALLEEN IN

ALS JE ZE OOK WAARMAAKT

Loesje

2021

DEMONSTRATIE

JE STEM IS TE BELANGRIJK OM HEM MAAR EENS IN DE VIER JAAR TE GEBRUIKEN

Loesje

Posters plakken is mijn ding en ludieke acties zijn leuk, maar soms moet je ook gewoon ouderwets de straat op met zijn allen. Ikzelf doe dat regelmatig, maar ook anderen gebruiken vaak teksten van mij op hun bordjes en spandoeken.

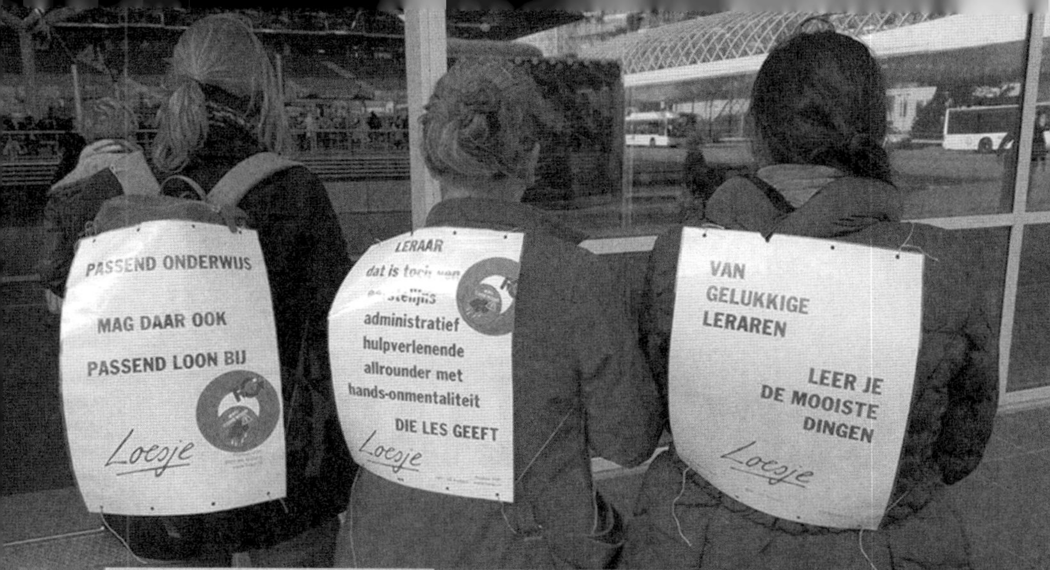
PASSEND ONDERWIJS
MAG DAAR OOK
PASSEND LOON BIJ
Loesje
LERAAR
administratief
hulpverlenende
allrounder met
hands-onmentaliteit
DIE LES GEEFT
Loesje
VAN
GELUKKIGE
LERAREN
LEER JE
DE MOOISTE
DINGEN
Loesje

Loesje

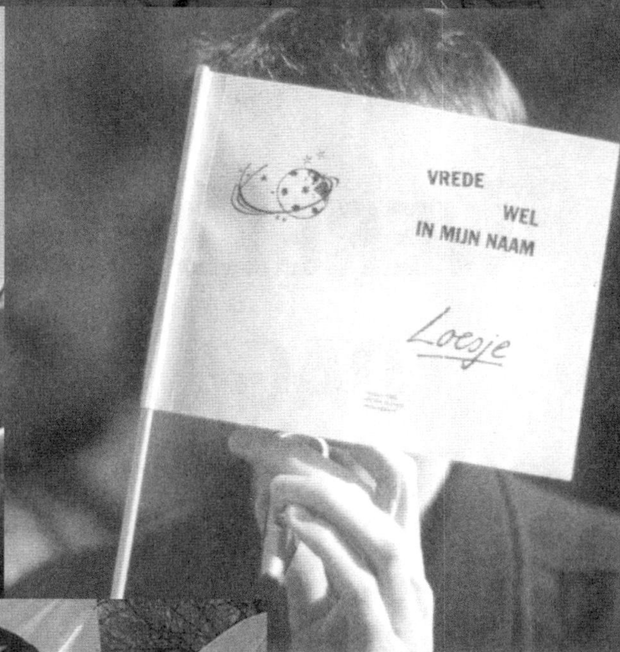
VREDE
WEL
IN MIJN NAAM
Loesje

deHoofdzaak
CLIENTEN BELANGEN BUREAU
VEEL MENSEN ZIJN BANG VOOR PSYCHIATRISCHE
PATIËNTEN OMDAT ZE BANG ZIJN VOOR ZICHZELF
Loesje

AFGESPROKEN

VOLGEND JAAR
VIEREN WE

WERELDBEVRIJDINGS-
DAG

Loesje

2020

ANTI-AUTORITAIR

Autoriteit kun je hebben of zijn. Je bent een autoriteit als je ergens veel van weet of er heel goed in bent, waardoor je beter in staat bent om op dat gebied beslissingen te nemen. Zo durf ik intussen wel te zeggen dat ik weet welke teksten goed werken op een zwart-witte A3-poster. En als neef Karel zegt dat een bank met stoffen bekleding lekkerder luiert dan één met leren bekleding, dan neem ik dat zo van hem aan. Want als iemand ervaring heeft met luieren, dan is Karel dat wel. En goed dat-ie er in is!

Sommige mensen hebben autoriteit. Vaak zijn dat geen hele leuke mensen, want je moet vaak erg je best doen om autoriteit te krijgen. En dan moet je beslissingen gaan nemen voor anderen, die voor hen erg ingrijpend kunnen zijn. Mensen die te goeder trouw zijn, vinden dat ingewikkeld. Ze willen de juiste beslissing nemen, die zo min mogelijk mensen problemen geeft. Daarom zie je dat de mensen die autoriteit uiteindelijk krijgen, vaak mensen zijn die graag de baas spelen. En die kunnen het vaak minder schelen welke gevolgen hun beslissingen hebben. Als iedereen maar doet wat zij zeggen...

Vooral met die tweede soort heb ik problemen. Die mensen 'doen ook gewoon maar hun werk', terwijl ze dingen verbieden waar mensen meer plezier dan last van hebben. 'Omdat het zo nou eenmaal geregeld is.' Daarom kietel ik hen graag een beetje met mijn posters. En die plak ik dan graag mooi strak op een afvalbak in de stad. Dat mag namelijk gewoon. Artikel 7 van de grondwet en artikel 10 van het EVRM, zeg ik dan. Vinden ze niet leuk, die autoritaire mensen. Want als autoriteit-hebbers iets vervelend vinden, is het wel hogere-autoriteit-hebbers. Raar hoor.

IK DOE GEWOON

WAT MIJ
NIET
VERTELD
WORDT

Loesje

1989

KUN JE
EIGENLIJK WEL
MACHT UITOEFENEN
ZONDER DIE
TE MISBRUIKEN

Loesje

2019

DE WET
IK LAAT ME LIEVER
EEN GEDICHT
VOORSCHRIJVEN

Loesje

2008

VAN DWARS
ZIJN
KRIJG JE
EEN RECHTE RUG

Loesje

2017

Ha zus,

Vind jij onze opvoeding vrij? Ik zou zeggen van niet. We moeten elk jaar weer mee naar die saaie verjaardag van ons nichtje, we moeten om de dag helpen met de afwas en ik moet na *Wie is de Mol?* altijd direct naar bed. Ja zus, ik zou het soms bijna Spartaans willen noemen.

Gelukkig kunnen we hier allebei slecht tegen. Dus maken we er een wedstrijdje van om als eerste 3 verjaardagstaartjes te (vr)eten, gebruiken we zóveel afwasmiddel dat de keuken zich met schuim vult, en sluip ik stiekem naar jouw slaapkamer om nog tot laat in de avond te discussiëren over wie de Mol kan zijn.

Samen kunnen we het pa en ma soms best een beetje moeilijk maken. Ik met een slecht cijfer voor wiskunde of een verdwaald pakje sigaretten. Jij met je zoveelste nieuwe vriendje of plannen voor een wereldreis. Zo houden we onze ouwelui scherp. En daar ben ik best een beetje trots op.

Maar weet je wanneer ik me het meest trots voel? Wanneer ik je poster zie hangen naast een politiebureau of je stickers tegenkom in bushokjes. Dan bedenk ik hoe tegendraads die poster- of stickerplakker zich gevoeld moet hebben. Een kleine daad van verzet – tegen dat gevoel kan geen anti-autoritaire opvoeding op!

Liefs van je broertje

MEER BLAUW OP JE BOLLE OOG

het broertje van Loesje

1999

BURGELIJKE
ONGEHOORZAAMHEID

WANT JE KUNT HET
SPELLETJE NIET
VERANDEREN

DOOR JE AAN
DE REGELS
TE HOUDEN

Loesje

2010

BLIJF KRAKEN
TOT
ZE BREKEN

Loesje

2010

HUIZENMARKT

KRAKEN
KRAKEN

NIET KOPEN

Loesje

2023

ACTIE

Tegenwoordig doe ik net als iedereen heel veel online: Facebook, Instagram, Twitter, je-weet-wel... Maar op straat ziet iedereen mijn posters hangen, ook als je mij niet liket. Je kunt er ter plekke over praten, met andere toevallige voorbijgangers. Soms hangt een tekst op een toepasselijke plek, waardoor-ie meer diepgang krijgt. Ja, posters plakken is zeg maar echt mijn ding. Wat is er nou leuker dan posters plakken?

Nou, grote posters plakken, natuurlijk! Eens in de zoveel tijd krijgen wij het op de heupen en printen een berg posters uit op lekker groot formaat. In 1996 deed ik bijvoorbeeld een actie waarbij door heel het land teksten op 'A dubbel 0' (ongeveer 2 bij 3 meter) werden geplakt op giganormische reclamezuilen, kale muurtjes of gewoon, plat op de tegels van de winkelstraat.

Nog ietsje bonter wisten mijn maatjes in Warschau het te maken. Ze kregen het voor elkaar om teksten te mogen schilderen op een paar grote kale muren in de stad en dat zag er prachtig uit. Ja, plakverhalen heb ik bij bosjes, maar die zijn niet allemaal voor publicatie geschikt. Dus probeer het gerust zelf eens. Op www.loesje.nl/posters vind je duizenden Loesje-teksten die je zó kunt uitprinten. Veel plezier! Stuur je me een foto?

LEKKER LEVEN
IS HET ANTWOORD
OP STOMME VRAGEN
Loesje

Loesje

KRIJG JE
maak van elke dag
een sprookje
red draken
en versla
verwende prinsessen
WHY KEEP
YOUR RIGHT
en pluk de rijpe bramen
Loesje
KRITISCHE GEESTEN
HOREN ELKAAR
JUIST

BOMBARDUJME
AMERIKU
NAŠIMI
ČARO
Loesje

ZO OP MIJN RUG
IN HET HOGE GRAS
BEN IK WEER
HELEMAAL
IN DE WOLKEN
Loesje

Z PUNKTU WIDZENIA DROGI MLECZNEJ
WSZYSCY JESTEŚMY ZE WSI
Loesje

IM DŁUŻEJ CZEKASZ
NA PRZYSZŁOŚĆ
TYM BĘDZIE
KRÓTSZA
Loesje

NIE ROZMAWIAJ
Z NIEZNAJOMYMI
BO JESZCZE
KOGOŚ POZNASZ
Loesje

Loesje PLAKMANIFEST

PLAKKEN IS EEN GRONDRECHT

Ieder mens moet zijn mening kunnen uiten. Dit is geregeld in de grondwet, art. 7, en in art. 10 van het Europees Verdrag voor de Rechten van de Mens. Loesje doet dat via posters. De meeste Algemene Plaatselijke Verordeningen verbieden het aanplakken van posters. Maar rechters, en de wet, zeggen dat het gewoon moet kunnen, en dat het mag. Loesje is dan ook voor het verspreiden van meningen, ideeën en gedachten in de openbare ruimte, en tegen een lokaal verbod hierop.

IDEALEN ZOEKEN RUIMTE

Gemeenten plaatsen soms openbare aanplakborden waarop je je mening mag uiten. Vaak staan die in steegjes of afgelegen plaatsen en meestal staan er veel te weinig. Wil je je mening aan iedereen kenbaar maken, dan blijven prullenbakken, elektriciteitskastjes en bouwschuttingen over. Een poster hoort op de plek waar die het best tot zijn recht komt. Een goede plakker houdt de openbare ruimte wel netjes en overplakt andere posters niet.

POSTERS MAKEN DE STRATEN MOOIER

Straten en steden raken vol met reclame. Reclamebedrijven kopen alle ruimte op en bepalen zo het straatbeeld. Ook openbare aanplakborden hangen vol met reclames. Volgens Loesje hoort de straat aan mensen toe en niet aan de commercie. Een goede tekst, een mooie vraag, of een tof idee maakt een straat tot een forum in plaats van een reclamezuil. Dus meer idealistische posters, en minder schreeuwerige reclame graag.

POSTERS ROEPEN DISCUSSIE OP

Als je posters plakt vanwege idealistische redenen, dan zoek je discussie of een reactie. Op het moment dat je plakt, ben je zelf aanspreekbaar. Je kunt gelijk aangesproken worden op wat je plakt. Maar je laat ook een mening achter, en die kan weer leiden tot discussies en gedachten. In een gezonde maatschappij wordt die discussie gezocht, en respectvol gevoerd.

CLAIM JE RUIMTE!

Loesje wil met dit manifest de discussie aangaan over plakken en je recht op vrije meningsuiting. Ze wil ook de vraag stellen van wie de steden en straten eigenlijk zijn. Hij die zonder mening is, verwijdere de eerste poster.

HIJ DIE ZONDER MENING IS

VERWIJDERE DE EERSTE POSTER

Loesje

1998

Voor de duidelijkheid: hoewel ik mensen van harte aanmoedig posters te plakken, geef ik daar nooit iemand opdracht toe. Ik houd niet van autoriteit, weet je nog? Maar als iemand er ooit over begint te zeuren, vind je hiernaast misschien wat inspiratie voor een goed gesprek...

En zo plak je een poster, trouwens... ;)

Plakinstructie

Wat heb je nodig voor een geslaagde plakactie?
Een serie posters, een kwast en een fles lijm
en veel zin om er tegenaan te gaan.
Stop alles in een plastic tas.
Zo, klaar om te gaan!

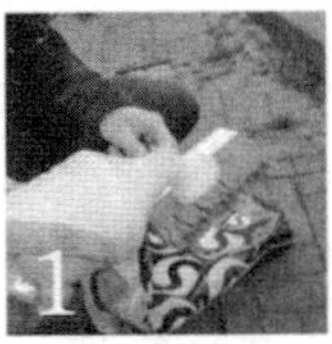

Stap 1: Zoek een goede plakplaats en een poster uit. Open je fles lijm en schenk een beetje lijm uit op de kwast.

Stap 2: Strijk de plakplaats in met lijm.

Stap 3: Druk de poster goed tegen de lijm.

Stap 4: Strijk de poster in met lijm.
(Neem eventueel meer lijm als dat nodig is)

Stap 5: Trek de poster aan een hoekje onderaan los tot ongeveer 5 cm van de bovenzijde. Strijk de poster nu nog een keer strak in met lijm.

Klaar! Hop naar de volgende!

AGENT

HOU JIJ
ME EMMER
EFFE VAST

Loesje

1988

Ja, jááááren met zo'n opzichtige emmer rondgelopen. In een zakkie, zodat het minder zou opvallen... Terwijl er toen toch ook al PET-flessen waren. Soms ben ik conservatiever dan ik zelf dacht!

DAT BORDJE
ZACHTE BERM
IS EEN
WAARSCHUWING
GEEN
UITNODIGING

Loesje

1992

Deze tekst komt alweer uit 1992, maar ik had hem nooit goed terug gelezen, denk ik. What was I thinking?

DAT BORDJE
ZACHTE BERM
IS EEN
UITNODIGING
GEEN
WAARSCHUWING

Loesje

2023

Kijk, véééél beter zo!

VERANDER

VASTBESLOTEN

VAN MENING

Loesje

1989

FAVORIETE TEKST

***Lyke van der Schaft** en Yvonne van Dijk wilden trouwen, ondanks het feit dat hun omgeving er niet om zat te springen. Ze gebruikten een Loesje-tekst om hun trouwplannen op een ludieke manier bekend te maken.*

Lyke: 'Weinig mensen om ons heen hadden vertrouwen in onze relatie. Yvonne was twaalf jaar alleen geweest en ik had een peuter en een kleuter. Veel mensen zien ons als tegenpolen en we woonden binnen drie weken samen. Daar vonden veel mensen wat van, maar wij waren gelukkig samen.

In december 2002 vroeg Yvonne me ten huwelijk. Ik was eerder getrouwd geweest en had een grote bruiloft met 300 gasten. Dit keer gingen we het anders doen. Bijna niemand wist dat we gingen trouwen.

'Niemand wist dat we gingen trouwen'

We lieten de Loesje-poster "Echtgenoot is de verleden tijd van echtgenieten" drukken op A3-formaat. Dit stuurden we naar de bruiloftsgasten, zonder context of afzender, alleen de Loesje-tekst. Een week later kregen de gasten de officiële uitnodiging die begon met de tekst: "Maar wij durven het wel aan."

En dat is een goede keuze geweest. Ondanks alle rollercoasters mogen we elkaar dit jaar 20 jaar elkaars echtgenote noemen. Ik bewonder Loesje, omdat ze de dingen die een beetje pijn doen toch uitspreekt, ik probeer dat zelf ook te doen.'

ECHTGENOOT
IS DE VERLEDEN TIJD
VAN
ECHTGENIETEN

Loesje

1985

EN TOEN
ZEI TIE GRIET

»WELK STOPLICHT«

ZEGT ZE

de
examinator
van
Loesje

1987

SEKSUEEL VRIJ

In al mijn teksten, alles wat ik doe, is vrijheid iets wat steeds terugkomt. Vrijheid van meningsuiting en -verandering. Vrijheid van initiatief. Vrij zijn van onderdukking. Waarom noem ik 'seksueel vrij' dan zo opzichtig als aparte 'kernwaarde'? Omdat liefde en seks hele wezenlijke, hele intieme en hele persoonlijke zaken zijn, maar mensen zich juist op dat gebied zo ontzettend met elkaar bemoeien.

Wanneer ben je vrij? Als je je niet verplicht, gedwongen of opgesloten voelt. Wanneer ben je seksueel vrij? Als je liefhebt zoals jij wil zonder dat je daarbij anderen verplicht, dwingt of opsluit. Ik heb nooit begrepen hoe iemand een oordeel kan hebben over hoe anderen liefhebben, relaties aangaan of zichzelf uiten. Volgens mij kun je zelf pas vrij zijn als je geen oordelen over anderen meer hebt.

Die oordelen slaan namelijk ook op jou terug, je beperkt jezelf ermee. Als je dochter geen vriendinnetje mag hebben, raak je haar misschien kwijt. Als je anderen in een rolmodel dwingt, ontzeg je jezelf ook een hele wereld. Als je anderen liefde ontzegt, gooi je de deur ook voor jezelf dicht. Het fijne van liefde is juist dat hoe meer je ervan geeft, hoe meer je ervan krijgt. Lieven en laten lieven dus...

Kusjes.

HET
MAAKT
DE LIEFDE
NIET UIT

Loesje

1994

Dag lieverd,

Jij had de jaren 60 en 70 echt fan-tas-tisch gevonden. Vrouwen werden niet langer gedwongen om te stoppen met werken als ze trouwden. Mochten baas zijn in eigen buik. Kregen steeds meer dezelfde rechten als mannen. En de liefde werd steeds vrijer. Kortom: er werden in relatief korte tijd erg grote, onomkeerbare stappen gezet.

Daarom verbaas ik me er ook zo over dat er nu, anno 2023, nog steeds een loonkloof is. Dat er nog zo moeilijk wordt gedaan over topless zonnen. En dat trans mensen niet altijd zelf mogen kiezen naar welk toilet ze gaan. Blijkbaar is onze vooruitstrevende maatschappij een beetje ingekakt...

Ik vind het mooi om te zien hoe jij de straat op gaat, lieve Loesje, en strijdt voor onze rechten, gelijkheid en seksuele vrijheid eist! Ik weet dat jij het in je hebt om een grote groep mensen te mobiliseren. Dat je de gevestigde orde weet op te schudden en politici in beweging kan krijgen. Door met de juiste boodschap de mensen aan het denken te zetten, zowel binnen als buiten onze landsgrenzen.

Verscheidenheid siert de mens! Dus hang de vlag uit en dans over dat regenboogzebrapad. En kom af en toe bij mij langs om me, onder het genot van een goed glas port, bij te praten over de mooie stappen die je zet – of danspassen, dat is eigenlijk nóg beter.

Liefs van oma

WAAROM
IS ER EIGENLIJK
NOG GEEN
SEKSDIEET

de oma
van
Loesje

2007

PLANNEN ZIJN ER
OM GEWIJZIGD
TE WORDEN

de ex van Loesje
2003

IK WAS NIET
UTOPISCH
GENOEG

het
ex-vriendje
van Loesje
2013

MIJN EERSTE VRIENDJE
TERUGGEZIEN
JEE WAT IS IE MOOI
EN WAT ZWETST IE
VERSCHRIKKELIJK

Loesje
1986

Oké, ik ben door de jaren
heen wel een beetje een losbol
geweest...

MAAR

IK WEET WAAR

HAAR GIECHELSPOT

ZIT

het vriendje

van

Loesje

2011

...maar we hebben een hoop lol gehad...

KOM LIEFSTE

HET GRAS STAAT TWEE KONTJES HOOG

Loesje

2003

ACTIE

Zoals je onderhand wel begrepen zult hebben, vind ik van veel dingen iets. Maar wat ik vind is soms lastiger te bepalen dan ik in eerste instantie dacht...

'Free a girl' is een organisatie die zich wereldwijd inzet om meisjes uit kinderprostitutie te bevrijden. Daar kun je niet tegen zijn, dus hielp ik graag mee teksten te schrijven en verspreiden op de Wallen om misbruik aan de kaak te stellen. Met BN'ers als Froukje de Both erbij, leverde dat een hoop persaandacht op.

Sommige sekswerkers werden er boos om. Zij vonden mijn teksten stigmatiserend. Dat 'eeuwige gezeur en gezeik over zielige meisjes en uitbuiting. De maatschappij continu dat beeld opdringen helpt echt niemand. Sterker nog: het maakt alles erger.' Ze maakten parodieposters ondertekend met 'Poesje', zoals: 'Kun je ook slachtoffer zijn van medelijden?' en: 'Mag ik zelf beslissen wat ik doe?'

Tja, seksuele vrijheid betekent dat jij degene bent die beslist over jouw lichaam. Mensen hebben het recht om sekswerk te kiezen, én ze hebben het recht om beschermd te worden tegen gedwongenheid en uitbuiting. De waarheid heeft vele kanten en die moet je allemaal durven bekijken. Hou mij gerust scherp...

FUCK
LOESJE
HIER IS
POESJE
Bar de Stoof
RED LIGHT DISTRICT
GAAT
DE RONDLEIDING
OOK LANGS
DE UITBUITER
Loesje
PROSTITUEE
BIJ WIE KOMT
DAT NOU
UIT DE
BEROEPSKEUZETEST
Loesje
DE WALLEN
NIET ALLES WAT JE
IN DE ETALAGE ZIET
IS KOOPWAAR
Loesje
WAS DAT
EEN KNIPOOG
OF EEN
NOODKREET
Loesje
NOT EVERY
WINDOW IS A
SHOPPING WINDOW
Loesje
blauw
www.Freeagirl.nl

De Poesje-actie kwam vanuit Prostitutie Informatie Centrum Amsterdam. Kijk op pic-amsterdam.com/nl/ voor hun standpunten.

O ja. Als je, zoals hier, op mij reageert met een persiflageposter, kan ik dat goed hebben. Maar als je gewoon je mening wil uiten met posters, zet er dan wel je eigen naam onder, niet de mijne. En wees daarin een beetje origineel. Ja, Louche/Smoesje/Visje/... ik heb het tegen jullie! Bedenk effe lekker zelf wat.

liefde trekt zich
helemaal niks aan van
ras de dood leeftijd
sociale status
cultuur regels
landsgrenzen
eigenlijk wel
de mooiste vorm
van anarchie die ik ken

Loesje

2006

PRIDE

**HET TYPE TROTS
DAT JE JUIST NIET
OPZIJ MOET ZETTEN**

Loesje

2020

GEAARDHEID

IK BEN GOEDAARDIG

Loesje

2012

MIJN NICHT IS EIGENLIJK
EEN NEEF

Loesje

1985

MIJN MAKE-UP
STAAT
VEEL MOOIER
BIJ
MIJN BUURJONGEN

Loesje

2020

KEUZESTRESS

**DAT JE AL
NA 20 WEKEN
MOET KIEZEN
WELK GESLACHT
JE HEBT**

Loesje

2016

ECHTE MANNEN
ETEN GEEN HONING

DIE KAUWEN
OP BIJEN

Loesje

2003

EEN ECHTE MAN

BREEKT UIT
HET HOKJE

Loesje
2023

VADER
WAST
ZIJN AUTO
VAKER DAN
MIJN MOEDER

Loesje
1986

SECRETLY

I WANT
TO BE FREED

FROM
PATRIARCHY TOO

Loesje's kid brother

www.loesje.org/berlin
berlin@loesje.org

Kijk 'm nou, ik zei het
toch! Durft-ie thuis niet
te zeggen, de schat.

←

40 jaar Loesje

FAVORIETE TEKST

***Anne Veenstra** is vanaf de beginjaren actief geweest voor Loesje. Ze vond via Loesje haar liefde. Haar favoriete tekst stond op het geboortekaartje van haar zoon en kleinzoon.*

Anne: 'Lang geleden was ik actief lid voor Loesje en had ik een plakmaatje. Samen voorzagen wij in Arnhem mooie muurtjes en elektriciteitshuisjes van de Loesje-affiches. Ik moest wel lachen met deze jongen, Matje heette hij, maar o o wat liet hij het vaak afweten. Ik had weleens gevraagd of ik geen ander plakmaatje mocht. Maar hij was ook drukker, en zo iemand heb je hard nodig als jonge revolutionaire beweging. Toch was het lastig.

De dag dat ik dacht: als je er nu niet bent, dan is het klaar, was hij er wel. Hij had soep gemaakt. Zijn keuken gesopt. O o, ik smolt. Aan het eind van de plakroute wandelden we rechtstreeks door naar z'n slaapkamer. De liefde was sterk, sindsdien zijn we samen.

'Ik was zo overdonderd door het onvoorwaardelijke van de tekst'

In die tijd schreef Loesje de tekst: "De wereld is mooier met jou." Ik was erbij toen die tot stand kwam. Er werd stevig over gediscussieerd. Immers: iedereen kan tegenover dit affiche komen te staan en geldt het wel voor iedereen? Maar misschien kwamen de assholes juist deze opsteker tekort en maakte het gebrek aan liefde hen tot asshole. Ik was zo overdonderd door het onvoorwaardelijke van de tekst. Hij kwam op Jans geboortekaartje: "De wereld is mooier met jou."

In 2021 is Jans zoon geboren, Charlie. Matje maakte het niet mee, die overleed in 2007. Maar ook op Charlies kaartje stond deze gouden tekst.'

DE WERELD

IS MOOIER

MET JOU

Loesje

1988

DENKT U
OOK ALTIJD STIEKEM
AAN SEKS
TIJDENS DE AFWAS

Loesje

1999

GEZOCHT
NIEUWE MOZES
OM VOOR
DE VLUCHTELINGEN
DE MIDDELLANDSE
ZEE TE SPLIJTEN
Loesje

A-RELIGIEUS

Ken je die Star Wars-films? Daarin gaat het de hele tijd over De Kracht. Die houdt alles bij elkaar en geeft het leven en energie. Je kunt hem gebruiken om goede dingen te doen, of slechte ('De Donkere Kant' heet het dan). Of hele coole, zoals ruimteschepen uit het moeras tillen met een handgebaar. Klinkt een beetje reli ja, maar ik kan er best wat mee. Niet dat ruimteschepen laten zweven, maar dat alles verbonden is, en dat je je krachten voor het goede of voor het kwade kunt gebruiken, wel. Moet ik nu naar de kerk? Peter had laatst paddo's op en had een heel verhaal over de dans van angst en liefde die de wereld vormt en het witte licht waar je in op kan gaan en... Ik weet het niet meer precies allemaal, maar het klonk heel mooi. Moet Peter nou naar de kerk?

Het is leuk en interessant om na te denken over het leven, het heelal en de rest. En om erover te praten: iedereen heeft er hun eigen ideeën bij. Jammer dat sommige mensen vinden dat iedereen het met hen eens moet zijn en anderen dwingen hun regels te volgen. Dan mogen meisjes niet dansen of naar school gaan. Of ze straffen mensen omdat ze niet de goede dingen eten of de juiste kleren dragen. Want dat mag niet van God. Dat staat in hun Grote Boek.

Ik denk dat áls God inderdaad mensen straft voor hun slechte gedrag, dat diens fans dat beter aan HemHaarHenzelf kunnen overlaten, dan zelf te gaan aanrommelen. En ik denk ook niet dat God boeken schrijft, die is vast veel te druk met hemelse zaken. Ik schrijf wél boekjes: je hebt er één vast. Daarin staat niet wat je moet doen, maar een hoop ideeën over wat je zou kúnnen doen. En waar we over kunnen praten...

MOSLIM

CHRISTEN

ATHEÏST

WE DELEN ALLEMAAL
DEZELFDE HEMEL

DIE OZONLAAG MET
DAT GAT ERIN

Loesje

2006

Ha nichtje,

Het is een mysterie dat we hier zijn, ik zeg het vaak tegen Rie. Niet alleen dat wij tweeën hier zijn, maar alles om ons heen en ver weg. En hoe dat toch allemaal een bepaalde kant op gaat en elkaar niet in de weg loopt. Er gaat een hoop mis, maar er gaat ook een hoop goed. Is dat dan toch de voorzienigheid?

Ik ben weggegaan uit de kerk, net als zoveel mensen, omdat het me beknelde, me juist bang maakte in plaats van moedig. Ik ben sjamanistisch gaan dansen, dat was wel bevrijdend hoor. Doen we nog steeds soms, nu heet het ecstatic dance. Ik ben nog wel op zoek naar wat we in plaats van religie kunnen doen om het wel over het mysterie te hebben en over hoe we goed kunnen leven met elkaar.

Laten we daar leegstaande kerkgebouwen voor inzetten. Zetten we de kerkbanken aan de kant en maken we er een gezellige kring van om op zondagmiddag of een ander moment bij elkaar te komen om stil te staan bij het leven en ons eigen leven. Wat we doen met de aarde en gewoon, we kunnen plannen smeden over hoe we het weer meer samen kunnen doen. Zonder dat we de antwoorden hoeven te weten en hoeven te belijden dat we geloven in zaken die we met geen mogelijkheid kunnen bevatten.

Oom Herman

VAN DENKEN
WORDEN WE MOE

DUS OORDELEN
WE MAAR WAT

oom Herman
van

Loesje

1996

IRAN

MAAK VAN

JE HOOFDDOEK

EEN SPANDOEK

Loesje

2022

AFGHANISTAN

DE VOLGELINGEN

VAN JEZUS

BRENGEN U

NORMEN EN WAPENS

Loesje

2005

Zoals je al wel had begrepen, stel ik de ene religie niet boven de andere. En wanneer je jouw religie gebruikt als excuus om de bullebak uit te hangen, maak ik ook geen onderscheid.

ZINLOOS GEWELD

GOD HEEFT
ER OOK EEN
HANDJE VAN

Loesje

2002

HET BELOOFDE LAND

WELKE OEN
BELOOFT NOU
ZULKE DINGEN

Loesje

1988

40 jaar Loesje

FUNDAMENTALISTEN
JE VINDT ZE ONDER

CHRISTENEN
COMMUNISTEN
JODEN
KAPITALISTEN
MOSLIMS FRANSEN
EN CHINEZEN

Loesje

2001

ACTIE

A-religieus is wat anders dan anti-religieus. Ik ben er de vrouw niet naar anderen mijn mening door de strot te douwen. Dat pik ik trouwens ook niet van anderen, daarom vind je in dit hoofdstuk diverse voorbeelden van posters waarop ik uithaal naar al te steile gelovigen, van welke stroming dan ook. Sommige daarvan zijn best fel, want over kortzichtigheid en machtswellust kan ik me erg kwaad maken.

Maar om die woede om te zetten naar zo'n actie als ik bij andere hoofdstukken aanhaal, is best lastig. Het idee van een ludieke actie is immers dat het speels is en gezellig blijft. En de meer hardcore reli's houden er niet van als ze het idee hebben dat er met hun geloof wordt gespeeld. Ook bij minder strikte gelovigen ligt dat gevoelig, helemaal als ze tot een gemarginaliseerde groep behoren. Ik wil mensen niet onnodig kwetsen en mijn vrienden op straat niet in de problemen brengen. Bovendien, ik zei het al, haal ik er meer energie uit om vóór dingen te zijn, dan tegen. Vandaar dat ik het wat dit onderwerp betreft, qua acties redelijk rustig heb gehouden.

Dat is niet erg, want ik zocht nog ruimte in dit boekje om alle Loesje-voertuigen die er door de tijd heen zijn geweest, op een rijtje te zetten. Eh, ...bruggetje? Loesje is alomtegenwoordig! Kijk maar...

Loesje

DE WERELD

HÉ
FRISSE
WIND
GA JE MEE
EEN TOCHTJE
MAKEN
Loesje

Loesje

LAAT JE NIET WEERHOUDEN
DOOR EEN LEVEN NA DE DOOD
Loesje
LUCHTKASTELEN = EEN WERKWOORD
Loesje
IDEALS

Loesje
HOEZO GEK IN HET ZUIDEN
IN DE RANDSTAD RIJDEN DE AUTO'S
IEDERE DAG IN POLONAISE
HEB UW NAASTE LIEF
WANT DAT BEN IK
IK DENK ALTIJD EERST GOED NA
VOORDAT IK IETS STOMS ZEG
LIEFDE IS BLIND
LINGERIE IS BRAILLE
JE KUNT ALLEEN TIJD VERSPILLEN
ALS JE VERGEET ERVAN TE GENIETEN

Loesje

GA JE MEE
VERDWALEN
IK
WEET DE WEG
Loesje

Ik zei net al dat ik bij gemarginaliseerde groepen wat voorzichtiger ben met wat ik zeg. Het christendom was vorige eeuw in Nederland moeilijk marginaal te noemen, dus ik vond dat ik mij in mijn 'Strip' (1998) wel een plaagstootje kon veroorloven.

NEE,
GOD HEEFT DE MENS GESCHAPEN
NAAR ZIJN EVENBEELD...
ZOIETS ALS
DE PORSELEINKAST
SCHIEP DE OLIFANT
EN HIJ ZAG DAT 'T
GOED WAS...
74
ZEG NOU ZELF:
WAAR ZOUDEN WE ZIJN
ZONDER PORSELEIN?
IN DE
HEMEL...
75
DE HEMEL DE HEMEL
DE HEMEL IS EEN FEEST
MAAR ALS JE ERNAARTOE GAAT
DAN BEN JE ER GEWEEST
76
KORTOM,
ALS GOD NIET HAD WILLEN
BEWIJZEN DAT IE BESTAAT
HAD IE DE MENS
OOK NIET HOEVEN SCHEPPEN...
HUNK?
77

SPOTPRENTEN

OKÉ

NU BOEDDHA

Loesje

2020

VREES NIET

GOD

IS SLECHTS

EVEN PISSEN IN

EEN ZWART GAT

Loesje

1985

RELIGIE

IK WACHT LIEVER OP

DE DAG DAT ER NIET GEOORDEELD WORDT

Loesje

2015

VARKENSLEED

EINDELIJK IETS
WAARVAN
NIEMAND
MOSLIMS
DE SCHULD
KAN GEVEN

Loesje
2017

EX-MOSLIMS

MIJ GAAT HET ER OM
WIE IK BEN
NIET WAT IK WAS

Loesje
2017

GOD IS GEWOON

EEN

GROEPSPSYCHIATER

Loesje

1987

FAVORIETE TEKST

Janneke Bijlsma *volgt Loesje al sinds haar studententijd (1997). Op meerdere kruispunten in haar leven heeft Loesje haar geïnspireerd. De tekst 'Soms heb je van die dromen die je wakker houden tot je ze uitvoert' inspireerde haar om haar leven over een andere boeg te gooien.*

Janneke: 'Loesje is scherpzinnig, grappig en slaat vaak de spijker op z'n kop. Ze heeft me vaak aan het lachen gemaakt en nu ik er zo over nadenk ook wat betekend op kruispunten in mijn leven.

Het kriebelde al jaren om iets met bakken te gaan doen. De eerste cursus op dat vlak deed ik al tien jaar geleden, maar ik ben er nooit écht voor gegaan. Ik heb een baan als pensioenadviseur en had in die tijd twee jonge kinderen.

'Het gevoel was fantastisch, ik kreeg zoveel positieve energie!'

De tekst "Soms heb je van die dromen die je wakker houden tot je ze uitvoert" inspireerde me om mijn droom te volgen. Ik heb me opgegeven voor de bakkersopleiding en vond in dezelfde week via Marktplaats een inventaris van een kleine bakkerij. Ik wist zeker dat het voor mij bestemd was en binnen een paar dagen had ik een kleine bakkerij in mijn schuur staan. Het gevoel om iets nieuws te starten was fantastisch. Ik kreeg zoveel positieve energie!

De bakkersopleiding rond ik de komende week af. Wakker liggen is er momenteel niet meer bij, want ik ben zo moe na een hele dag op de bakkersschool. Maar dromen over mijn toekomst doe ik continu. Ik hoop mijn bakkersdroom echt te verwezenlijken door een eigen bakkerijtje te beginnen.'

SOMS HEB JE
VAN DIE DROMEN

DIE JE WAKKER
HOUDEN

TOT JE ZE UITVOERT

Loesje

1987

IK VERKLAAR
MEZELF
ONAFHANKELIJK

ZEI DE PASTOOR

EN VERFDE Z'N
KERK ROZE

Loesje

1991

ONAFHANKELIJK

Ik doe mijn eigen ding. En dat is maar goed ook, want als ik naar alle bezwaren van anderen had geluisterd, was ik nooit aan dit hele avontuur begonnen. Laat staan dat ik het zo lang had volgehouden. Mijn mening is mijn grootste goed. Ik moet er niet aan denken te moeten schrijven wat aandeelhouders of subsidieverstrekkers willen horen. Dat schrijven ze maar lekker zelf. Als mensen geld willen geven of iets van me willen kopen is dat prima. Dan kan ik daar weer mooi posters van drukken en verspreiden.

Toen ik begon hadden veel vrienden van me weinig geld, maar tijd genoeg om plannen te maken en die goedkoop uit te voeren. We kwamen bij elkaar in kraakpanden. En mensen verwachtten niets van me. Ik deed gewoon wat ik wilde en zag wel wat ervan kwam. Nu heb ik een kantoortje en een hele grote printer en een berg laptops. Soms denk ik dat het wel eens handig zou zijn als iemand ons gewoon een berg geld zou geven...

Maar vaak wil zo'n geldschieter dat ik het op hun manier doe. Wil die hele andere dingen en heeft andere belangen. Willen ze bijvoorbeeld geld verdienen of bepaalde mensen niet voor het hoofd stoten. Nu zal ik niemand opzettelijk kwetsen, maar als ik iets te zeggen heb, wil ik het ook gewoon kunnen zeggen. Dus verkoop ik boekjes, shirtjes en workshops om mijn ding te kunnen doen. Maar ik ga niet alleen maar kleffe tegeltjesteksten maken, omdat dat toevallig lekker verkoopt.

Gelukkig heb ik nog steeds veel hulp van mensen die klusjes voor me doen, me helpen mijn teksten te verspreiden. En soms stoppen ze me zomaar wat geld toe. Zodat deze meid lekker eigenwijs kan blijven zeggen wat ze wil.

ONAFHANKELIJK VAN

PA EN MA

RUSLAND

SUBSIDIE

VS

SJOERD

OLIE

Loesje

2008

AAN HET EIND
VAN M'N GELD

HOUD IK ALTIJD
EEN STUK MAAND
OVER

Loesje

1986

Oké, misschien niet meer élke maand, anders was ik inmiddels verhongerd...

BEST RENDERENDE BELEGGINGEN

2022: OLIE
WAPENS
TABAK

2023: NL50 INGB 0001 2802 96 tnv Vrienden van Loesje

Ik hoop dat ik bij het volgende jubileum wel een andere bank heb (hun naam is al wel een paar maal veranderd).

Loesje

2023

Lieve Loesje,

Soms zou ik even terug willen gaan in de tijd. Naar de jaren dat jij en je broertje nog braaf luisterden als je moeder en ik vertelden dat jullie naar bed moesten. En jullie ons geloofden als we zeiden dat je niet groot wordt als je groente laat staan.

Jij hebt zoveel ideeën, plannen en dromen voor jezelf en voor deze wereld. Dat bewonder ik aan je, maar het maakt me soms ook ongerust. Dan vraag ik me af waarom je geen vak kiest met een hoge baangarantie, en een leuke jongen – of meisje, dat vinden we ook prima hoor – zoekt voor een stabiele relatie. Ze staan hier in het dorp voor je in de rij.

Maar jij bent anders, Loesje. Van een andere generatie. Met andere verwachtingen van het leven. Jij wil vrij zijn. Fouten maken. Liefdes ervaren. Verdwalen. De aarde redden. En daar moet ik me – volgens jou – vooral zo min mogelijk mee bemoeien. Je bent nu een onafhankelijke, jonge vrouw. Want ook al ben je nooit gestopt met het stellen van de waarom-vraag, je bent wel steeds kritischer gaan luisteren naar onze antwoorden.

Soms zou ik even terug willen naar de dagen dat ik, na een lange werkdag, hongerig thuiskwam van de zaak. Dan vloog je me meestal direct om de hals, en eiste je dat ik kwam kijken naar een nieuwe tekening of je zelfgebouwde knikkerbaan. Als ik terug kon gaan in de tijd, dan zou ik je op dat moment mijn onverdeelde aandacht geven, in plaats van eerst m'n gehaktballetje te eten. Want uiteindelijk is iedere vader hartstikke afhankelijk van de liefde van zijn dochter. Zeker wanneer zij Loesje heet.

Liefs van je vader

EN IK
MAAR DENKEN
DAT HET
DE PUBERTEIT
WAS

de vader
van

Loesje

1988

LEES DE BIJBEL
MEIN KAMPF
DE KORAN
DAS KAPITAL
HET WETBOEK
RODE PEPER

EN DENK ZELF

Loesje

1990

ACTIE

De ene tijd is de andere niet; de ene mens is de andere niet; en het ene land is het andere niet. Dingen die tegenstrijdig lijken kunnen alle waar zijn, afhankelijk van de situatie. Het fijnste van vrienden hebben over de hele wereld, is dat ik mij daarvan bewust ben geworden en ervan heb kunnen leren.

Neem nou die actie waaraan ik begin deze eeuw meedeed. Ik was op vakantie in Slovenië en het leek mij leuk met mijn vrienden daar een ludieke actie te doen. Mijn Sloveense maten hadden wel een idee en wat daaruit kwam, zie je op de volgende pagina's. We hielden een soort processie door de stad, allemaal gekleed in T-shirts met de namen van NATO-lidstaten erop. We eindigden op een plein, waar we ons aan de voeten wierpen van Uncle Sam en het Vrijheidsbeeld. De symboliek lag er dik bovenop: Slovenië zou zich kort daarop bij de NATO aansluiten...

Zo'n actie zou ik in Nederland niet snel bedenken, zelfs al ben ik niet zo'n NATO-fan. Maar ja, Slovenië werd eeuwenlang heen en weer gegooid tussen de grootmachten en moest eind vorige eeuw zelf vechten voor haar onafhankelijkheid. Dan kan het gevoelig liggen je aan te sluiten bij een militair monsterverbond geleid door het machtigste rijk ter wereld. En daar mag je iets van zeggen.

NATO

centromerkur
NATO

NATO
PORTUGAL
NORWAY

VRIJHEID
IS EEN MOEDER
GEEN DOCHTER

Loesje

1992

»EIGEN RISICO«

DAT KLINKT ALS
EEN UITDAGING

Loesje

2011

VOORAL NIET
TOEGEVEN

Loesje

1993

JE WILT
TOCH NIET
DAT IK DOE
WAT JIJ ZEGT

Loesje

1992

EEN Loesje 2023 POSTER

WAAIT GRAAG TEGEN DE WIND IN

IK BEN LIEVER EEN ROTSBLOK

DAN EEN KUUB GRIND

Loesje 2008

WIE WIL ER NOG
GEREGEERD
NADAT IE
ZICHZELF
DE BAAS
IS GEWORDEN

Loesje

1989

Het motto van mijn verkiezingsprogramma 'Stem niet op mij'. Ik was overigens niet verkiesbaar...

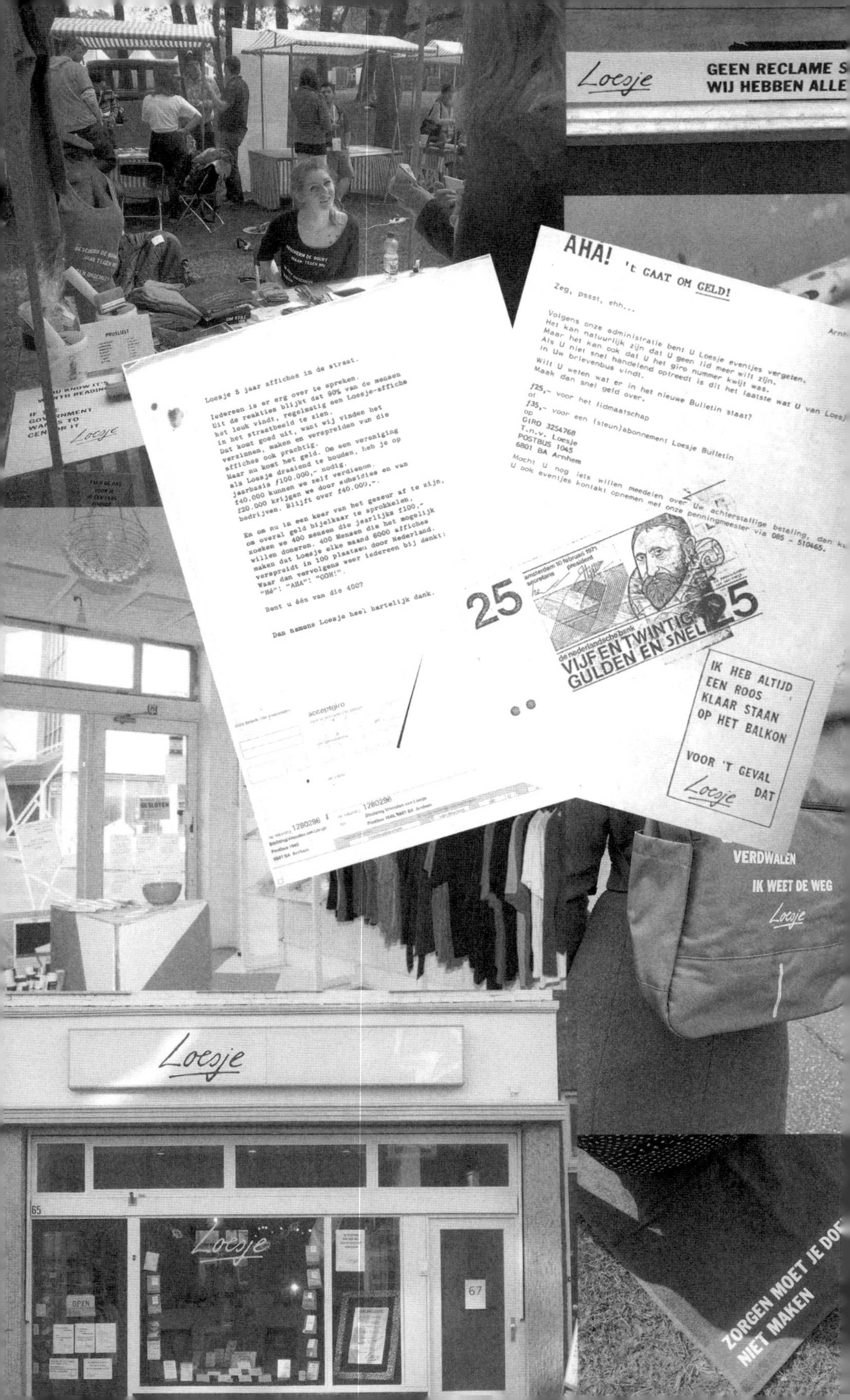

Loesje
GEEN RECLAME S
WIJ HEBBEN ALLE
Loesje 5 jaar affiches in de straat.
Iedereen is er erg over te spreken.
Uit de reakties blijkt dat 90% van de mensen
het leuk vindt, regelmatig een Loesje-affiche
in het straatbeeld te zien.
Dat komt goed uit, want wij vinden het
verzinnen, maken en verspreiden van die
affiches ook prachtig.
Maar nu komt het geld. Om een vereniging
als Loesje draaiend te houden, heb je op
jaarbasis ƒ100.000,- nodig.
ƒ40.000 kunnen we zelf verdienen.
ƒ20.000 krijgen we door subsidies en van
bedrijven. Blijft over ƒ40.000,-.
En om nu in een keer van het gezeur af te zijn,
om overal geld bijelkaar te sprokkelen,
zoeken we 400 mensen die jaarlijks ƒ100,-
willen doneren. 400 Mensen die het mogelijk
maken dat Loesje elke maand 6000 affiches
verspreidt in 100 plaatsen door Nederland.
Waar dan vervolgens weer iedereen bij denkt:
"Hé"! "AHA"! "GOH!".
Bent u één van die 400?
Dan namens Loesje heel hartelijk dank.
acceptgiro
1280296
Stichting Vrienden van Loesje
Postbus 1045
6801 BA Arnhem
AHA! 't GAAT OM GELD!
Zeg, pssst, ehh...
Volgens onze administratie bent U Loesje eventjes vergeten.
Het kan natuurlijk zijn dat U geen lid meer wilt zijn.
Maar het kan ook dat U het giro nummer kwijt was.
Als U niet snel handelend optreedt is dit het laatste wat U van Loesj
in Uw brievenbus vindt.
Wilt U weten wat er in het nieuwe Bulletin staat?
Maak dan snel geld over.
ƒ25,- voor het lidmaatschap
of
ƒ35,- voor een (steun)abonnement Loesje Bulletin
op
GIRO 3254768
T.n.v. Loesje
POSTBUS 1045
6801 BA Arnhem
Mocht U nog iets willen meedelen over Uw achterstallige betaling, dan ku
U ook eventjes kontakt opnemen met onze penningmeester via 085 - 510465.
25
amsterdam 10 februari 1971
secretaris president
de nederlandsche bank
VIJFENTWINTIG
GULDEN EN SNEL
25
IK HEB ALTIJD
EEN ROOS
KLAAR STAAN
OP HET BALKON
VOOR 'T GEVAL
DAT
Loesje
IF THE GOVERNMENT WANTS TO CENSOR IT
Loesje
VERDWALEN
IK WEET DE WEG
Loesje
Loesje
GESLOTEN
65
Loesje
OPEN
67
ZORGEN MOET JE DO
NIET MAKEN

DE WERELD IS MOOIER MET JOU
Loesje
Bestellen
ook moge
Draag je liever niet de
van de dag de spullet
MET MIJN
GEEN PANIEK
HET IS
Loesje
GA JE MEE
WAT
Loesje FLUIT DE VOGELS NA
IN DE IDEALE WERELD IS HET VANDAAG FEEST
EN MORGEN OOK
Loesje
DE WEG LOOPT NIET WAAR JE 'M VERWACHT
Loesje
kas Loesje Tilburg sept 86 -
in kas
ZORGEN MOET JE DOEN
NIET MAKEN
Loesje
ZORGAGENDA 2020
365 positief-kritische teksten die de wereld beter en mooier maken
WAAR EN WANNEER
IS NOU EIGENLIJK DAT
HIER EN NU
Loesje

FAVORIETE TEKST

***Wieneke Reith** kwam eind jaren 80 via haar broer in aanraking met Loesje. De Loesjetekst 'Hoe grijzer, hoe eigenwijzer' werd op een bijzondere manier bewerkt door haar zieke moeder.*

Wieneke: 'Ik ben meegegaan naar Hongarije waar Loesje Internationaal werd opgericht. Tijdens de eerste internationale Loesjevergadering maakte ik de notulen. Daar ontstond ook de poster "Who wants to be bossed around when you can manage yourself", nog altijd een klassieker denk ik. Ik leerde Loesje eind jaren 80 kennen via mijn broer die actief was bij de club. Mijn huisgenoot was ook lid en zodoende bleef ik een tijd aangehaakt.

Loesje was ook alom aanwezig in onze familie. Op het toilet van mijn ouders hing de tekst: "Hoe grijzer, hoe eigenwijzer." Tijdens haar chemo voegde mijn eigenwijze moeder daar in zwarte stift aan toe: "Hoe kaler, hoe brutaler." Het is geen officiële Loesjetekst, maar wel mijn favoriet omdat het de strijdvaardigheid van mijn moeder toonde, in de sfeer van Loesje.

'Tijdens haar chemo schreef mijn moeder "Hoe kaler, hoe brutaler" op de Loesjeposter'

Voor de toekomst hoop ik dat Loesje haar frisse blik op kleine dagelijkse dingen kan behouden en ook de twist kan blijven geven aan grotere maatschappelijke verschijnselen. Loesje deed aan omdenken voordat het begrip was uitgevonden.'

HOE GRIJZER
HOE EIGENWIJZER

de opa
van
Loesje

1992

WEES JEZELF

ER ZIJN AL
ZOVEEL ANDEREN

Loesje

1989

Dit is weer zo'n tekst die zo populair is geworden, dat velen niet eens meer weten dat-ie van mij is. Hij wordt zelfs aan Oscar Wilde toegeschreven. Hihi, nee hoor.

UITTRO

Zoals mijn goede vriend Legofilius Peppeldam zegt: 'Het gevaar van terugblikken is dat je zomaar achterover in de toekomst kunt lazeren.' Maar nu ik in dit boek heb teruggeblikt, heb ik eigenlijk alleen nog maar meer zin om met mijn neus vooruit die toekomst in te springen. Zoals altijd al. Want ik blijk helemaal niet zoveel veranderd. Tuurlijk ben ik met mijn tijd meegegaan, heb nieuwe technologiën opgepikt, nieuwe manieren gevonden om mijn teksten te verspreiden. Over sommige dingen ben ik genuanceerder gaan denken. En over andere juist nog uitgesprokener. Maar het zijn nog steeds dezelfde dingen waarover ik mij boos maak of die mij vrolijk maken. En ik denk nog steeds dat we samen, met een goede dosis woede én vrolijkheid, de wereld kunnen beetpakken en een slinger kunnen geven.

Ik heb veel mensen leren kennen, heb nieuwe talen geleerd. Ik heb mensen geholpen, zeggen ze. Misschien heb ik hen geïnspireerd om te doen wat ze allang wilden, maar niet durfden. Te zeggen dat ze van iemand houden. Te solliciteren op een leuke baan waarvoor ze geen opleiding hebben gedaan. Een demonstratie te organiseren, een liedje te schrijven of een nieuw recept te proberen. Als ik mensen heb kunnen helpen zichzelf te zijn, ben ik gelukkig.

Maar genoeg over mij. Wat zijn jouw plannen voor vandaag? Doe je mee? Ik kan nog wel hulp gebruiken met plakken, schrijven en de wereld veroveren. Als je wil, leg ik je uit hoe het werkt. Het lijkt simpel en dat is het ook.

www.loesje.nl

ZODRA MIJN UTOPIE
BINNEN EEN
BELEIDSPLAN VALT

BEGIN IK EEN NIEUWE

Loesje

2013

Beste tijdloze Loesje,

De wereld verandert in snel tempo door technologie, door klimaatverandering, door waanzinnige machthebbers die het nodig vinden oorlog te voeren. Er zijn al meer dan 8 miljard mensen op aarde. Het duizelt me als ik eraan denk. En hoe kan het dan dat op cruciale momenten soms net de mensen met de idiootste ideeën boven komen drijven om die uit te voeren? Dat is de duistere kant, daar probeer ik niet te veel te blijven hangen.

Gelukkig had Loesje 40 jaar geleden een mooi idee. De wereld verbeteren met haar observaties over persoonlijke zaken en de maatschappij. Mensen inspireren, laten glimlachen en soms een hart onder de riem steken. Het was een groots idee en tegelijk een bescheiden idee.

Loesje wil geen macht en geen financiële rijkdom. Loesje wil gewoon onafhankelijk kunnen blijven en mensen betrekken bij de samenleving op haar manier. Iedereen kan een waardevolle bijdrage leveren. Vaak komen mijn gedachten ook op poster, dan zegt ze tegen me: 'Legofilius, zo kan alleen jij dat verwoorden en zo klopt het precies.' Ik denk dat er altijd behoefte blijft aan Loesjes teksten. Het is haar manier van kijken die mensen vrolijk maakt. En vrolijkheid is de grootste rijkdom die er is.

Legofilius Peppeldam

WAAR VLIEGT
DIE TIJD
EIGENLIJK
NAARTOE

Legofilius Peppeldam
van

Loesje

2022

IN EEN
VERANDERENDE
WERELD

VERVEEL JE
JE NOOIT

Loesje
2023

TAAL GROEIT

TAAL ADEMT

TAAL VINDT
ALTIJD EEN WEG

Loesje
2023

WAAROP ZIT JE
TE WACHTEN

DE TOEKOMST
KOMT ER WEL AAN

JE KUNT ER
ZELFS NOG
VAN ALLES
VAN MAKEN

Loesje

1990

WIE
MET BEIDE BENEN
OP DE GROND
BLIJFT STAAN

KOMT NIET VER

Loesje

2004

ACTIE

Toen ik voor dit boekje eens aan het kijken was wat voor acties ik toch allemaal gedaan heb in mijn leven, dacht ik: barst! Hoelang heb ik eigenlijk al geen actie meer gedaan? Het is mooi weer, iedereen loopt buiten rond te huppelen: let's go! Wat zullen we doen?

De klimaatcrisis is het grootste probleem van deze tijd en iets waar ik me al langer druk over maak. En op een dag in juni dat het al een maand nauwelijks heeft geregend en het gras al verdord is voor de zomer moet beginnen, is het onderwerp mij duidelijk. Een paar dagen eerder schreven we over de komkommertijd en dat het eigenlijk wel fijn zou zijn om lekker in je hangmat te kunnen liggen en te weten dat er geen grote problemen zijn om je druk over te maken, dus de tekst bij de actie is ook zo gevonden.

Met 20 komkommers in plakjes, wat snel geprinte foldertjes én bijpassend keukenschort pak ik de volgende dag de bus naar het centrum. Op 'Het land van de Markt', waar ik wel vaker heb gestaan, stal ik mijn boeltje uit. De komkommers zijn zó op, het vel met oplossingen is vol gekrabbeld en ik heb de hele tijd leuke gesprekken gehad. De wereld zal er niet morgen mee gered zijn, maar met een paar tientjes en een paar uur werk, kan ik het morgen weer doen. Jij ook trouwens...

10 MANIEREN OM DE
KOMKOMMER TE
REDDEN
ALS WIJ NOU
VERANDEREN
DAN HOEFT
HET KLIMAAT
NIET TE DOEN
Loesje
WEGENS
AANHOUDENDE
DROOGTE
DIT JAAR GEEN
KOMKOMMERTIJD
10 MANIEREN OM
KOMKOMMER T
REDDEN
TE BEDENKEN
Loesje
OP=OP
10 MANIEREN OM DE
KOMKOMMER TE
REDDEN

LEF
PROBEER HET 'S
OP=OP
DE LAATSTE
KOMKOMMERS
OP=OP

SIEBEL
Loesje
10 MANIEREN OM DE
KOMKOMMER TE
REDDEN
OP=OP
DE LAATSTE
KOMKOMMERS
OP=OP

WEGENS
AANHOUDENDE
DROOGTE
WEGENS AANHOUDENDE DROOGTE
DIT JAAR GEEN KOMKOMMERTIJD
Loesje

ALS WIJ NOU
VERANDEREN
DAN HOEFT
HET KLIMAAT
DAT NIET TE DOEN
Loesje

BROEIKAS-EFFECT
KAMELEN TRAPPEN
PINGUINS DOOD
EN IJSBEREN BIJTEN
KOALAJONKIES LEK

1995: toen kon ik er nog grapjes over maken...

de deskundige van

Loesje

1995

En hoewel ik me al eerder over dit soort onderwerpen liet horen...

DE AARDE
MOET BLIJVEN

Loesje

1992

ALS WE HET
MILIEU EENS
ONZE OMGEVING
ZOUDEN NOEMEN

Loesje

2013

...werd mijn toon over dit onderwerp langzamerhand wat grimmiger...

NEW ORLEANS 2005

GLOBAL WARNING

Loesje

2005

EEN VERLICHTE
GEEST
HEEFT GEEN
NACHTLAMPJE
NODIG

Loesje

2009

ALS WE BLIJVEN
POLDEREN
STAAN WE STRAKS
ALLEMAAL
ONDER
WATER

Loesje

2022

FAVORIETE TEKST

Top 5 van mijn fans op sociale media

GA JE MEE
VERDWALEN
IK
WEET DE WEG

Loesje

2004

Carin: Zo prachtig!
Yi Wan: Bijgebleven vanaf het eerste moment.
Tessie: Doet het altijd goed als openingszin.

LEVEN

IS MEERVOUD VAN

LEF

Loesje

1991

Grietje: Er zijn nog héél veel andere geweldige Loesjes, maar dit is echt THE ONE!
Esther: Ik leerde Loesje kennen in de jaren 90 toen ik op de havo zat. Dit is sindsdien mijn levensmotto.

AAN HET EIND
VAN M'N GELD

HOUD IK ALTIJD
EEN STUKJE MAAND
OVER

Loesje
1986

Hannah: Vergeet ik nooit meer: geweldig! En helaas ook vaak waar...

WAT ER OOK SPEELT
IN EEN LAND
LAAT HET VOORAL DE
KINDEREN ZIJN

Loesje
1993

Caroline: Dit is de allerbeste!

ZORGEN MOET JE
DOEN
NIET MAKEN

Loesje
2004

Jose: Toen ik met pensioen ging heb ik al mijn collega's dit boekje als afscheidscadeau gegeven....

WE ROTZOOIEN MAAR WAT AAN

MAAR DAN KUNNEN WE
TOCH NET ZO GOED
DE GOEDE KANT OP ROTZOOIEN

Loesje
1997

DUS VOLGENS
DE EVOLUTIETHEORIE
WAS VROEGER
NIET
ALLES BETER

Loesje
2009

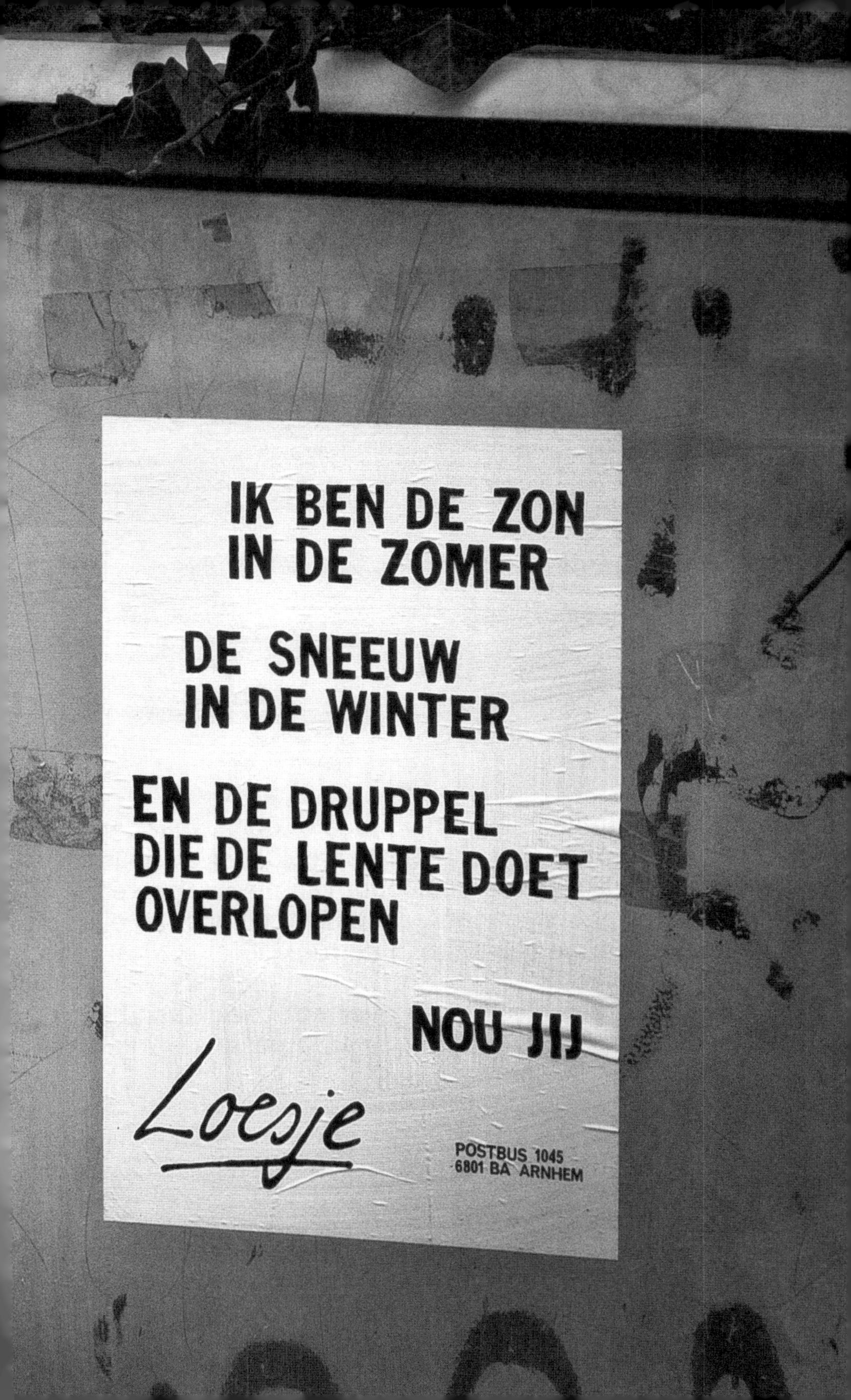
IK BEN DE ZON
IN DE ZOMER
DE SNEEUW
IN DE WINTER
EN DE DRUPPEL
DIE DE LENTE DOET
OVERLOPEN
NOU JIJ
Loesje
POSTBUS 1045
6801 BA ARNHEM

Loesje, dat ben jij!

Heb je na het lezen van dit boek zin om samen met Loesje de wereld een stukje mooier te maken?
Sta je te popelen om je stad eens onder te plakken of teksten te verzinnen die het verschil gaan maken? Neem dan contact met Loesje op en word lid van haar bende!

Stuur een mailtje naar loesje@loesje.nl,

of een old-school brief naar:

Postbus 1045
6801 BA Arnhem

of kijk op:

Instagram: @Loesjevdposters
Twitter: @Loesjenl
Facebook: Loesjevdposters
www.loesje.nl

Ben je niet in de gelegenheid mee te doen, maar wil je Loesje wel graag helpen? Dat kan ook door sympathisant te worden. Je blijft op de hoogte van nieuwe posters, activiteiten en campagnes. Jouw bijdrage van 25 euro per jaar geeft Loesje een zetje in de rug.

Je ontvangt een nieuwsbrief over wat Loesje aan het uitspoken is. Daarnaast krijg je 15 procent korting in het winkeltje van Loesje.

Kijk eens op www.loesje.nl/doe-mee/donateur/

Posterspotter-app

Loesje heeft een nieuwe app waarmee je posters op de kaart kunt zetten en vinden! Hij heet de Posterspotter-app en je kunt 'm vinden op app.loesje.org/posterspotter.

Je kunt de app in je webbrowser gebruiken, maar leuker is om 'm op je telefoon te installeren, want dan zitten er iets meer functies in. En heb je 'm altijd bij de hand! Installeren doe je als volgt:

1. Ga naar app.loesje.org/posterspotter.
2. Op een Android-telefoon druk je op de drie puntjes naast de adresbalk in je browser.
3. Kies vervolgens voor 'aan startscherm toevoegen' (of 'add to home screen' als je je telefoon op Engels hebt staan).
4. De app wordt nu automatisch op je telefoon gezet! Voor iPhones werkt het ietsje anders maar het zou zichzelf moeten wijzen.

In de app kun je alle posters die je opgehangen hebt op de kaart zetten, zodat anderen kunnen zien waar ze hangen. De eerste keer dat je een poster toevoegt, vraagt de app wel om een wachtwoord. Dat is: 40yLoesje. Het wordt automatisch opgeslagen nadat je je eerste poster hebt toegevoegd. De volgende keren wordt het dus niet weer opnieuw gevraagd.

Je kunt de app ook gebruiken om een Loesjewandeling te maken. Op de kaart kun je zien of er bij jou in de buurt posters hangen en kun je ze gaan spotten. Zie je een poster op de kaart staan die er niet meer hangt? In de appversie kun je de poster ook weer van de kaart weghalen. Maar dan is het de hoogste tijd om er een nieuwe op te hangen.

Workshop met Loesje

Je kunt Loesje uitnodigen voor een workshop creatief schrijven. Loesje komt graag op bezoek bij jouw organisatie, bedrijf, buurthuis of school. Misschien een leuk idee voor de komende themadagen of het teamuitje?

Tijdens een workshop met Loesje wordt de creativiteit aangewakkerd en leer je op een leuke manier te kijken naar ook de wat zwaardere onderwerpen.

Samen met de deelnemers komt Loesje tot een aantal toepasselijke posters.

Meer weten?

Kijk op www.loesje.nl/workshops

Dankwoord

Voor dit boekje gaat Loesjes dank uit naar iedereen die haar de afgelopen 40 jaar heeft geholpen: alle bendeleden, tekstschrijvers, donateurs, plakkers, chauffeurs, medewerkers, advocaten, uitgevers, websitebouwers en noem maar op. Jullie weten wie jullie zijn... Zonder jullie was het onmogelijk geweest om zover te komen!

Contact

Mis je een belangrijk onderwerp in dit boekje en wil je er Loesje graag meer over leren? Dat lijkt haar wel wat! Mail haar op loesje@loesje.nl en wie weet kunnen we samen posters gaan maken.